总主编/艾四林

《反杜林论》导读

（增订版）

崔伟奇　翟俊刚◎编著

中国民主法制出版社
研究出版社
2018年·北京

图书在版编目 (CIP) 数据

《反杜林论》导读 / 崔伟奇，翟俊刚编著．-- 增订本．-- 北京：中国民主法制出版社，2018.6
ISBN 978-7-5162-1814-3

Ⅰ．①反… Ⅱ．①崔… ②翟… Ⅲ．①《反杜林论》- 恩格斯著作研究 Ⅳ．① A811.24

中国版本图书馆 CIP 数据核字 (2018) 第 101990 号

图书出品人／刘海涛
出 版 统 筹／赵卜慧　乔先彪
责 任 编 辑／刘春雨

书名／《反杜林论》导读（增订版）
作者／崔伟奇　翟俊刚　编著

出版 · 发行／中国民主法制出版社
地址／北京市丰台区右安门外玉林里 7 号（100069）
电话／010-63292534　63057714（发行中心）　63055259（总编室）
传真／010-63292534
Http: //www.npcpub.com
E-mail: mzfz@npcpub.com
经销／新华书店
开本／16 开　787 毫米 ×1092 毫米
印张／14.25
字数／159 千字
版本／2018 年 6 月第 2 版　　2018 年 6 月第 1 次印刷
印刷／北京中兴印刷有限公司

书号／ISBN 978-7-5162-1814-3
定价／36.00 元

总序

读经典　提高马克思主义理论素养

艾四林
中央马克思主义理论研究和建设工程《马克思主义发展史》课题组首席专家
教育部高校研究生思想政治理论课分指导委员会副主任委员
教育部人文社会科学重点研究基地清华大学高校德育研究中心主任
清华大学马克思主义学院院长

加强马克思主义经典著作的学习，提高广大党员干部的马克思主义理论素养，是建设马克思主义学习型政党的重要任务。马克思主义经典著作蕴含和集中体现着马克思主义基本原理，是马克思主义理论的本源和基础。重视学习马克思主义经典著作，是我们党的优良传统。在新形势下，广大党员干部学习马克思主义经典著作，不仅有助于系统掌握马克思主义基本原理，增强马克思主义信仰，也有助于从源头上完整准确地理解中国特色社会主义理论体系。在实际工作中，广大党员干部要把掌握马克思主义理论作为看家本领，善于运用马克思主义的立场观点方法来分析和解决改革开放和现代化建设中的实际问题。

青年是国家的希望，民族的未来。高校思想政治理论课承担着对大学生进行系统的马克思主义理论教育的任务，在把大学生培养成中国特色社会主义的建设者和接班人方面承担着不可替代的作用。在本科生的思想政治理论课课程体系中，虽然没有马克思主义经典导读这样的必修课程，但教师一般会推荐马克思主义经典著作作为必读书目，要求学生课下阅读，以加深大学生对马克思主义基本原理和中国化马克思主义的理解和认识。在目前的研究生思想政治理论课课程体系中，“马克思主义经典著作导读”就是其中的一门重要课程。特别是，对于全国马克思主义理论专业的研究生来说，“马克思主义原著研读”更是其必修的核心课程。因而，使青年学生拥有一套学习马克思主义经典的导读性著作，一直是我们着力探索的重要教学科研任务。

有鉴于此，我们特邀一些高校从事马克思主义理论教学和研究的学者，对精心挑选的马克思主义发展史上的一些经典文献进行导读，并分批陆续出版。在编写中，我们强调导读著作风格的通俗性和文风的可读性，要求每本导读著作的字数控制在十万字左右（个别除外），使之介于大部头研究专著和合集之间。目前，马克思主义经典的导读性著作的撰写，主要有如下两种形式：一种是把每一本马克思主义经典的导读写成一本大部头的专著，一种是把若干马克思主义经典分章节加以介绍，然后汇成一本合集。相对来讲，前者的优势是研究精深、学术性强，其体例和风格主要适合专家学者，但相对于党政干部和青年学生而言，则显得有些深奥，往往会让读者产生畏难情绪；后者的优势是比较集中、简明扼要，但内容较为单薄，往往会使读者感觉不解渴。因此，我们这套丛书试图寻找更为合适的体例和风格，兼收上述两类导读著作的优点，从而起到积极的探索的作用。

我们衷心希望这套丛书有助于广大党政干部和青年学生对马克思主义理论的学习，为推进马克思主义大众化作出一点我们应有的贡献。

2015 年 5 月 5 日

目 录

CONTENTS

弗·恩格斯

反杜林论（节选）*

（欧根·杜林先生在科学中实行的变革）

---

*版本选自《马克思恩格斯文集》第9卷，人民出版社2009年版，第19页—第89页。

引 论

一 概 论

现代社会主义，就其内容来说，首先是对现代社会中普遍存在的有财产者和无财产者之间、资产者和雇佣工人之间的阶级对立以及生产中普遍存在的无政府状态这两个方面进行考察的结果。但是，就其理论形式来说，它起初表现为18世纪法国伟大的启蒙学者们所提出的各种原则的进一步的、据称是更彻底的发展。同任何新的学说一样，它必须首先从已有的思想材料出发，虽然它的根子深深扎在经济的事实中。

在法国为行将到来的革命启发过人们头脑的那些伟大人物，本身都是非常革命的。他们不承认任何外界的权威，不管这种权威是什么样的。宗教、自然观、社会、国家制度，一切都受到了最无情的批判；一切都必须在理性的法庭面前为自己的存在作辩护或者放弃存在的权利。思维着的知性成了衡量一切的唯一尺度。那时，如黑格尔所说的，是世界用头立地的时代。最初，这句话的意思是：人的头脑以及通过头脑的思维发现的原理，要求成为人类的一切活动和社会结合的基础；后来这句话又有了更广泛的含义：同这些原理相矛盾的现实，实际上都被上下颠倒了。以往的一切社会形式和国家形式、一切传统观念，都被当做不合理性的东西扔到垃圾堆里去了；到现在为止，世界所遵循的只是一些成见；过去的一切只值得怜悯和鄙视。只是现在阳光才照射出来。从今以后，迷信、非正义、特权和压迫，必将为永恒的真理、永恒的正义、基于自然的平等和不可剥夺的人权所取代。

现在我们知道，这个理性的王国不过是资产阶级的理想化的王国；永恒的正义在资产阶级的司法中得到实现；平等归结为法律面前的资产阶级的平等；被宣布为最主要的人权之一的是资产阶级的所有权；而理性的国家、卢梭的社会契约在实践中表现为，而且也只能表现为资产阶级的民主共和国。18 世纪伟大的思想家们，也同他们的一切先驱者一样，没有能够超出他们自己的时代使他们受到的限制。

但是，除了封建贵族和资产阶级之间的对立，还存在着剥削者和被剥削者、游手好闲的富人和从事劳动的穷人之间的普遍的对立。正是由于这种情形，资产阶级的代表才能标榜自己不是某一特殊的阶级的代表，而是整个受苦人类的代表。不仅如此，资产阶级从它产生的时候起就背负着自己的对立物：资本家没有雇佣工人就不能存在，随着中世纪的行会师傅发展成为现代的资产者，行会帮工和行会外的短工便相应地发展成为无产者。虽然总的说来，资产阶级在同贵族斗争时有理由认为自己同时代表当时的各个劳动阶级的利益，但是在每一个大的资产阶级运动中，都爆发过作为现代无产阶级的发展程度不同的先驱者的那个阶级的独立运动。例如，德国宗教改革和农民战争时期的托马斯·闵采尔派，英国大革命时期的平等派，法国大革命时期的巴贝夫。伴随着一个还没有成熟的阶级的这些革命暴动，产生了相应的理论表现；在 16 世纪和 17 世纪有理想社会制度的空想的描写，而在 18 世纪已经有了直接共产主义的理论（摩莱里和马布利）。平等的要求已经不再限于政治权利方面，它也应当扩大到个人的社会地位方面；不仅应当消灭阶级特权，而且应当消灭阶级差别本身。禁欲主义的、斯巴达式的共产主义，是这种新学说的第一个表现形式。后来出现了三个伟大的空想主义者：圣西门、傅立叶和欧文。在圣西门那里，除无产阶级的倾向外，资产阶级的倾向还有一定的影响。欧文在资本主义生产最发达的国家里，在这种生产所造成的种种对立的影响下，直接从法国唯物主义出发，系统地阐述了他的消除阶级差别的方案。

所有这三个人有一个共同点：他们都不是作为当时已经历史地产生的无产阶级的利益的代表出现的。他们和启蒙学者一样，并不是想解放某一个阶级，而是想解放全人类。他们和启蒙学者一样，想建立理性和永恒正义的王国；但是他们的王国和启蒙学者的王国是有天壤之别的。按照这些启蒙学者的原则建立起来的资产阶级世界也是不合理性的和非正义的，所以也应该像封建制度和一切更早的社会制度一样被抛到垃圾堆里去。真正的理性和正义至今还没有统治世界，这只是因为它们没有被人们正确地认识。所缺少的只是个别的天才人物，现在这种人物已经出现而且已经认识了真理；至于天才人物是在现在出现，真理正是在现在被认识到，这并不是从历史发展的联系中必然产生的、不可避免的事情，而纯粹是一种侥幸的偶然现象。这种天才人物在 500 年前也同样可能诞生，这样他就能使人类免去 500 年的迷误、斗争和痛苦。

这种见解本质上是英国和法国的一切社会主义者以及包括魏特林在内的第一批德国社会主义者的见解。对所有这些人来说，社会主义是绝对真理、理性和正义的表现，只要它被发现了，它就能用自己的力量征服世界；因为绝对真理是不依赖于时间、空间和人类的历史发展的，所以，它在什么时候和什么地方被发现，那纯粹是偶然的事情。同时，绝对真理、理性和正义在每个学派的创始人那里又是各不相同的；而因为在每个学派的创始人那里，绝对真理、理性和正义的独特形式又是由他们的主观知性、他们的生活条件、他们的知识水平和思维训练水平所决定的，所以，解决各种绝对真理的这种冲突的办法就只能是它们互相磨损。由此只能得出一种折中的不伦不类的社会主义，这种社会主义实际上直到今天还统治着法国和英国大多数社会主义工人的头脑，它是由各学派创始人的比较温和的批判性言论、经济学原理和关于未来社会的观念组成的色调极为复杂的混合物，这种混合物的各个组成部分，在辩论的激流中越是磨去其锋利的棱角，就像溪流中的卵石一样，这种混合物就越容易构成。为了使社会主义变为科学，就必须首先把它置于现实的基础之上。

在此期间，同18世纪的法国哲学并列和继它之后，近代德国哲学产生了，并且在黑格尔那里完成了。它的最大的功绩，就是恢复了辩证法这一最高的思维形式。古希腊的哲学家都是天生的自发的辩证论者，他们中最博学的人物亚里士多德就已经研究了辩证思维的最主要的形式。而近代哲学虽然也有辩证法的卓越代表（例如笛卡儿和斯宾诺莎），但是特别由于英国的影响却日益陷入所谓形而上学的思维方式；18世纪的法国人也几乎全都为这种思维方式所支配，至少在他们的专门哲学著作中是如此。可是，在本来意义的哲学之外，他们同样也能够写出辩证法的杰作；我们只要提一下狄德罗的《拉摩的侄子》和卢梭的《论人间不平等的起源》就够了。——在这里，我们就简略地谈谈这两种思维方法的实质；我们回头还要更详细地谈这个问题。

当我们通过思维来考察自然界或人类历史或我们自己的精神活动的时候，首先呈现在我们眼前的，是一幅由种种联系和相互作用无穷无尽地交织起来的画面，其中没有任何东西是不动的和不变的，而是一切都在运动、变化、生成和消逝。这种原始的、素朴的、但实质上正确的世界观是古希腊哲学的世界观，而且是由赫拉克利特最先明白地表述出来的：一切都存在而又不存在，因为一切都在**流动**，都在不断地变化，不断地生成和消逝。但是，这种观点虽然正确地把握了现象的总画面的一般性质，却不足以说明构成这幅总画面的各个细节；而我们要是不知道这些细节，就看不清总画面。为了认识这些细节，我们不得不把它们从自然的或历史的联系中抽出来，从它们的特性、它们的特殊的原因和结果等等方面来分别加以研究。这首先是自然科学和历史研究的任务；而这些研究部门，由于十分明显的原因，在古典时代的希腊人那里只占有从属的地位，因为他们首先必须搜集材料。精确的自然研究只是在亚历山大里亚时期的希腊人那里才开始，而后来在中世纪由阿拉伯人继续发展下去；可是，真正的自然科学只是从 15 世纪下半叶才开始，从这时起它就获得了日益迅速的进展。把自然界分解为各个部分，把各种自然过程和自然对象分成一定的门类，对有机体的内部按其多种多样的解剖形态进行研究，这是最近 400 年来在认识自然界方面获得巨大进展的基本条件。但是，这种做法也给我们留下了一种习惯：把各种自然物和自然过程孤立起来，撇开宏大的总的联系去进行考察，因此，就不是从运动的状态，而是从静止的状态去考察；不是把它们看做本质上变化的东西，而是看做固定不变的东西；不是从活的状态，而是从死的状态去考察。这种考察方式被培根和洛克从自然科学中移植到哲学中以后，就造成了最近几个世纪所特有的局限性，即形而上学的思维方式。

在形而上学者看来，事物及其在思想上的反映即概念，是孤立的、应当逐个地和分别地加以考察的、固定的、僵硬的、一成不变的研究对象。他们在绝对不相容的对立中思维；他们的说法是："是就是，不是就不是；除此以外，都是鬼话。"在他们看来，一个事物要么存在，要么就不存在；同样，一个事物不能同时是自身又是别的东西。正和负是绝对互相排斥的；原因和结果也同样是处于僵硬的相互对立中。初看起来，这种思维方式对我们来说似乎是极为可信的，因为它是合乎所谓常识的。然而，常识在日常应用的范围内虽然是极可尊敬的东西，但它一跨入广阔的研究领域，就会碰到极为惊人的变故。形而上学的考察方式，虽然在相当广泛的、各依对象性质而大小不同的领域中是合理的，甚至必要的，可是它每一次迟早都要达到一个界限，一超过这个界限，它就会变成片面的、狭隘的、抽象的，并且陷入无法解决的矛盾，因为它看到一个一个的事物，忘记它们互相间的联系；看到它们的存在，忘记它们的生成和消逝；看到它们的静止，忘记它们的运动；因为它只见树木，不见森林。例如，在日常生活中，我们知道并且可以肯定地说，某一动物存在还是不存在；但是，在进行较精确的研究时，我们就发现，这有时是极其复杂的事情。这一点法学家们知道得很清楚，他们为了判定在子宫内杀死胎儿是否算是谋杀，曾绞尽脑汁去寻找一条合理的界限，结果总是徒劳。同样，要确定死亡的那一时刻也是不可能的，因为生理学证明，死亡并不是突然的、一瞬间的事情，而是一个很长的过程。同样，任何一个有机体，在每一瞬间都既是它本身，又不是它本身；在每一瞬间，它消化着外界供给的物质，并排泄出其他物质；在每一瞬间，它的机体中都有细胞在死亡，也有新的细胞在形成；经过或长或短的一段时间，这个机体的物质便完全更新了，由其他物质的原子代替了，所以，每个有机体永远是它本身，同时又是别的东西。在进行较精确的考察时，我们也发现，某种对立的两极，例如正和负，既是彼此对立的，又是彼此不可分离的，而且不管它们如何对立，它们总是互相渗透的；同样，原因和结果这两个概念，只有应用于个别场合时才有其本来的意义；可是，只要我们把这种个别的场合放到它同宇宙的总联系中来考察，这两个概念就交汇起来，融合在普遍相互作用的看法中，而在这种相互作用中，原因和结果经常交换位置；在此时或此地是结果，在彼时或彼地就成了原因，反之亦然。

所有这些过程和思维方法都是形而上学思维的框子所容纳不下的。相反，对辩证法来说，上述过程正好证明它的方法是正确的，因为辩证法在考察事物及其在观念上的反映时，本质上是从它们的联系、它们的联结、它们的运动、它们的产生和消逝方面去考察的。自然界是检验辩证法的试金石，而且我们必须说，现代自然科学为这种检验提供了极其丰富的、与日俱增的材料，并从而证明了，自然界的一切归根到底是辩证地而不是形而上学地发生的。可是，由于学会辩证地思维的自然科学家到现在还屈指可数，所以，现在理论自然科学中普遍存在的并使教师和学生、作者和读者同样感到绝望的那种无限混乱的状态，完全可以从已经发现的成果和传统的思维方式之间的这个冲突中得到说明。

因此，要精确地描绘宇宙、宇宙的发展和人类的发展，以及这种发展在人们头脑中的反映，就只有用辩证的方法，只有不断地注意生成和消逝之间、前进的变化和后退的变化之间的普遍相互作用才能做到。近代德国哲学一开始就是以这种精神进行活动的。康德一开始他的学术生涯，就把牛顿的稳定的太阳系和太阳系经过有名的第一推动后的永恒存在变成了历史的过程，即太阳和一切行星由旋转的星云团产生的过程。同时，他已经作出了这样的结论：太阳系的产生也预示着它将来的不可避免的灭亡。过了半个世纪，他的观点由拉普拉斯从数学上作出了证明；又过了半个世纪，分光镜证明了，在宇宙空间存在着凝聚程度不同的炽热的气团。

这种近代德国哲学在黑格尔的体系中完成了，在这个体系中，黑格尔第一次——这是他的伟大功绩——把整个自然的、历史的和精神的世界描写为一个过程，即把它描写为处在不断的运动、变化、转变和发展中，并企图揭示这种运动和发展的内在联系。从这个观点来看，人类的历史已经不再是乱七八糟的、统统应当被这时已经成熟了的哲学理性的法庭所唾弃并最好尽快被人遗忘的毫无意义的暴力行为，而是人类本身的发展过程，而思维的任务现在就是要透过一切迷乱现象探索这一过程的逐步发展的阶段，并且透过一切表面的偶然性揭示这一过程的内在规律性。

黑格尔没有解决这个任务，这在这里没有多大关系。他的划时代的功绩是提出了这个任务。这不是任何个人所能解决的任务。虽然黑格尔和圣西门一样是当时最博学的人物，但是他毕竟受到了限制，首先是他自己的必然有限的知识的限制，其次是他那个时代的在广度和深度方面都同样有限的知识和见解的限制。但是，除此以外还有第三种限制。黑格尔是唯心主义者，就是说，在他看来，他头脑中的思想不是现实的事物和过程的或多或少抽象的反映，相反，在他看来，事物及其发展只是在世界出现以前已经在某个地方存在着的“观念”的现实化的反映。这样，一切都被头足倒置了，世界的现实联系完全被颠倒了。所以，不论黑格尔如何正确地和天才地把握了一些个别的联系，但由于上述原因，就是在细节上也有许多东西不能不是牵强的、造作的、虚构的，一句话，被歪曲的。黑格尔的体系作为体系来说，是一次巨大的流产，但也是这类流产中的最后一次。就是说，它还包含着一个无法解决的内在矛盾：一方面，它以历史的观点作为基本前提，即把人类的历史看做一个发展过程，这个过程按其本性来说在认识上是不能由于所谓绝对真理的发现而结束的；但是另一方面，它又硬说它自己就是这种绝对真理的化身。关于自然和历史的无所不包的、最终完成的认识体系，是同辩证思维的基本规律相矛盾的；但是，这样说决不排除，相反倒包含下面一点，即对整个外部世界的有系统的认识是可以一代一代地取得巨大进展的。

一旦了解到以往的德国唯心主义是完全荒谬的，那就必然导致唯物主义，但是要注意，并不是导致 18 世纪的纯粹形而上学的、完全机械的唯物主义。同那种以天真的革命精神简单地抛弃以往的全部历史的做法相反，现代唯物主义把历史看做人类的发展过程，而它的任务就在于发现这个过程的运动规律。无论在 18 世纪的法国人那里，还是在黑格尔那里，占统治地位的自然观都认为，自然界是一个沿着狭小的圆圈循环运动的、永远不变的整体，牛顿所说的永恒的天体和林耐所说的不变的有机物种也包含在其中。同这种自然观相反，现代唯物主义概括了自然科学的新近的进步，从这些进步来看，自然界同样也有自己的时间上的历史，天体和在适宜条件下生存在天体上的有机物种都是有生有灭的；至于循环，即使能够存在，其规模也要大得无比。在这两种情况下，现代唯物主义本质上都是辩证的，而且不再需要任何凌驾于其他科学之上的哲学了。一旦对每一门科学都提出要求，要它们弄清它们自己在事物以及关于事物的知识的总联系中的地位，关于总联系的任何特殊科学就是多余的了。于是，在以往的全部哲学中仍然独立存在的，就只有关于思维及其规律的学说——形式逻辑和辩证法。其他一切都归到关于自然和历史的实证科学中去了。

但是，自然观的这种变革只能随着研究工作提供相应的实证的认识材料而实现，而在这期间一些在历史观上引起决定性转变的历史事实却老早就发生了。1831 年在里昂发生了第一次工人起义；在 1838—1842 年，第一次全国性的工人运动，即英国宪章派的运动，达到了高潮。无产阶级和资产阶级之间的阶级斗争一方面随着大工业的发展，另一方面随着资产阶级新近取得的政治统治的发展，在欧洲最先进的国家的历史中升到了重要地位。事实日益令人信服地证明，资产阶级经济学关于资本和劳动的利益一致、关于自由竞争必将带来普遍和谐和人民的普遍福利的学说完全是撒谎。所有这些事实都再也不能置之不理了，同样，作为这些事实的理论表现（虽然是极不完备的表现）的法国和英国的社会主义也不能再置之不理了。但是，旧的、还没有被排除掉的唯心主义历史观不知道任何基于物质利益的阶级斗争，而且根本不知道任何物质利益；生产和一切经济关系，在它那里只是被当做“文化史”的从属因素顺便提一下。

新的事实迫使人们对以往的全部历史作一番新的研究，结果发现：以往的**全部**历史，都是阶级斗争的历史；这些互相斗争的社会阶级在任何时候都是生产关系和交换关系的产物，一句话，都是自己时代的**经济**关系的产物；因而每一时代的社会经济结构形成现实基础，每一个历史时期的由法的设施和政治设施以及宗教的、哲学的和其他的观念形式所构成的全部上层建筑，归根到底都应由这个基础来说明。这样一来，唯心主义从它的最后的避难所即历史观中被驱逐出去了，一种唯物主义的历史观被提出来了，用人们的存在说明他们的意识，而不是像以往那样用人们的意识说明他们的存在这样一条道路已经找到了。

可是，以往的社会主义同这种唯物主义历史观是不相容的，正如法国唯物主义的自然观同辩证法和近代自然科学不相容一样。以往的社会主义固然批判了现存的资本主义生产方式及其后果，但是，它不能说明这个生产方式，因而也就不能对付这个生产方式；它只能简单地把它当做坏东西抛弃掉。但是，问题在于：一方面应当说明资本主义生产方式的历史联系和它在一定历史时期存在的必然性，从而说明它灭亡的必然性；另一方面应当揭露这种生产方式的一直还隐蔽着的内在性质，因为以往的批判主要是针对有害的后果，而不是针对事物的进程本身。这已经由于**剩余价值**的发现而完成了。已经证明，无偿劳动的占有是资本主义生产方式和通过这种生产方式对工人进行的剥削的基本形式；即使资本家按照劳动力作为商品在商品市场上所具有的全部价值来购买他的工人的劳动力，他从这种劳动力榨取的价值仍然比他对这种劳动力的支付要多；这种剩余价值归根到底构成了有产阶级手中日益增加的资本量由以积累起来的价值量。这样就说明了资本主义生产和资本生产的过程。

这两个伟大的发现——唯物主义历史观和通过剩余价值揭开资

本主义生产的秘密，都应当归功于**马克思**。由于这两个发现，社会主义变成了科学，现在首先要做的是对这门科学的一切细节和联系作进一步的探讨。

当欧根·杜林先生大叫大嚷地跳上舞台，宣布他在哲学、政治经济学和社会主义中已实行了全面的变革的时候，理论上的社会主义和已经死去的哲学方面的情形大体上就是这样。

现在我们来看看，杜林先生对我们许下了什么诺言，他又是怎样履行他的诺言的。

二　杜林先生许下了什么诺言

首先与此有关的是杜林先生的下述著作：《哲学教程》、《国民经济学和社会经济学教程》、《国民经济学和社会主义批判史》。我们首先感兴趣的主要是第一部著作。

就在第一页上，杜林先生宣布自己是

“一个有资格在当代代表这一力量〈哲学〉的人，而且是为了这一力量目前可以预见的发展而代表这一力量的人”。

这样，他就把自己说成是当代和“可以预见的”未来的唯一真正的哲学家。谁同他不一致，谁就违背真理。早在杜林先生以前，就有许多人对自己是这样**想**的，但是，除理查·瓦格纳以外，他也许是第一个大言不惭地说出这一想法的人。而且他所说的真理还是

“最后的终极的真理”。

杜林先生的哲学是

“自然体系或现实哲学……　这一体系是以这样的方式思考现实的：它排除梦幻式的和受主观主义限制的世界观的任何趋向”。

因此，这一哲学有这样的特性：它能使杜林先生超越连他自己也不否认的他个人的主观局限性。这的确是必要的，如果他真能确立最后的终极的真理的话，不过我们到现在还不了解这个奇迹怎样才能发生。

这个“本身对精神极有价值的知识的自然体系”已经“稳固地确立了存在的基本形式，而丝毫没有损害思想的深度”。它从自己的“真正批判的立足点”出发，提供了“一种现实的、从而以自然和生活的现实为目标的哲学的各个要素，这种哲学不承认任何纯属虚幻的地平线，而是要在自己的强有力地实行变革的运动中揭示外部自然和内部自然的一切地和天”；它是一种“新的思维方式”，它的结果是“完全独特的结论和观点……创造体系的思想……确立了的真理”。在这里，我们看到“一种应在全神贯注的首创精神中寻求自身力量的劳动〈不管这指的是什么〉一种穷根究底的研究……一种根底深厚的科学……一种关于事；物和人的严格科学的观念……一种全面透彻的思想劳动……一种对可由思想控制的前提和结论的创造性的制定……绝对基础性的东西”。

在经济政治的领域内，他不仅给我们提供了

“在历史和体系方面包容很广的著作”，另外，其中历史著作由于“我的具有伟大风格的历史记述”而更加出色，这些著作在经济学中促成了“创造性的转变”；

而且，他还以自己的一项完全制定好的关于未来社会的社会主义规划作结束，这个规划是

“清晰的和穷根究底的理论的实际成果”，

因而和杜林哲学一样，是没有谬误的和唯一能救世的；因为

“只有在我的《国民经济学和社会经济学教程》所描绘的那种社会主义结构里，一种真正的所有能够取代纯属虚幻的、暂时的或基于暴力的所有制”。未来必须以此为目标。

杜林先生献给杜林先生的这束颂辞之花，可以很容易地增大十倍。这束花现在已经足以使读者产生某些怀疑：他们是否真的在同一个哲学家打交道，还是同……打交道，但是我们不得不请求读者在没有更详细地了解上述的深厚根底以前，暂时不要作出自己的判断。我们捧出上面的这束花也只是为了指明，我们面对的不是一位直截了当地说出自己的思想并让往后的发展来判定其价值的寻常的哲学家和社会主义者，而是一个非同寻常的人，他声称自己是和教皇一样没有谬误的，如果人们不愿意受最可恶的异端邪说的迷惑，那就只好干脆接受他的唯一能救世的学说。我们在这里所遇到的决不是充满各国社会主义文库而且近来也充满德国社会主义文库的那些著作中的一种，在这些著作中，各种各样的人力图以人间最诚恳的态度弄清种种问题，对于解决这些问题，他们也许或多或少是缺乏资料的；在这些著作中，不管存在什么样学术上和文字上的缺陷，社会主义的善良愿望总是值得赞许的。相反，杜林先生却给我们提出了由他宣布为最后的终极的真理的那些原理，因此，这些原理以外的任何其他意见一开始就是错误的；正像他拥有独一无二的真理一

样，他也拥有唯一的严格科学的研究方法，这种方法以外的一切其他方法都是不科学的。或者他是对的，那么我们面对的是一切时代最伟大的天才，第一位超人，因为他是没有谬误的人。或者他是不对的，那么不管我们作出怎样的判断，即便好心地认为他可能出于善良的愿望，这也是对杜林先生的最致命的侮辱。

一个人既然拥有最后的终极的真理和唯一严格的科学性，当然就要对其他陷入迷途的和不科学的人采取颇为蔑视的态度。因此，当杜林先生以极端轻蔑的态度谈论他的先驱者的时候，当只有被他本人破格封为伟人的少数几个人才在他的深厚根底面前得到恩赦的时候，我们就不应该感到惊奇了。

首先听听他对哲学家的意见：

“缺乏任何良好信念的莱布尼茨，一切哲学侍臣中的这个佼佼者”。

康德还被勉强容忍；康德以后就一团糟了：

出现了“紧跟其后的模仿者，也就是一个叫做费希特和一个叫做谢林的人的谬论和既轻率又无聊的蠢话……愚昧的自然哲学奇谈的古怪漫画……康德以后的怪现象”，以及由“一个叫做黑格尔的人”总其成的“热昏的胡话”。此人满口“黑格尔行话”，利用自己的“甚至在形式上也不科学的手法”和自己的“粗制品”来传播“黑格尔瘟疫”。

自然科学家也没有得到更好的待遇，不过只举出了达尔文的名字，所以我们只能以他为限：

“达尔文主义的半诗和变态术，连同其粗陋褊狭的理解力和迟钝的辨别力……　据我们的意见，独特的达尔文主义——自然要把拉马克的学说从中排除——只是一种与人性对抗的兽性”。

而最倒霉的是社会主义者了。至多除了路易·勃朗这个在一切社会主义者中最微不足道的人，其余的全都是罪人，都不享有该列在杜林先生之前（或者之后）的那种荣誉。不仅从真理和科学性方面来看是这样，不，而且从品格方面来看也是这样。除了巴贝夫以及 1871 年的几名公社委员，其余的全都算不上“人物”。三个空想主义者被称为“社会炼金术士”。在他们当中，圣西门还算受到宽大待遇，因为只责备他“过分夸张”，并且还以同情态度指出，他深受宗教狂之害。而在谈到傅立叶的时候，杜林先生就完全忍耐不住了，因为傅立叶

“暴露了神经错乱的一切因素……过去只能到疯人院里去找的观念……最荒唐的梦幻……神经错乱的产物……　笨得无法形容的傅立叶”，这个“幼稚的头脑”，这个“白痴”甚至从来不是社会主义者；他的法伦斯泰尔根本没有一点合理的社会主义，而是“按日常交往的样板构造的怪物”。

最后：

“如果谁以为这些评论〈傅立叶关于牛顿的评论〉……还不足以使他深信，在傅立叶的名字和整个傅立叶主义中只有第一个音节〈fou＝疯狂的〉道出了一点真实的东西，那么他自己也应当被列入某种白痴的范畴”。

最后，罗伯特·欧文

“有着无力而贫乏的观念……他在道德问题上的如此粗陋的思想……几句流于荒唐的老生常谈……不合理的和粗陋的看法……欧文的思想进程几乎不值得作比较郑重的批判……他的虚荣心”等等。

因此，既然杜林先生极端刻薄地以空想主义者的各自的名字来形容他们：圣西门—— saint（神圣的），傅立叶—— fou（疯狂的），安凡丹—— enfant（幼稚的），那么所差的就只是加上：欧文—— o weh!［呜呼！］社会主义历史上一个完整的非常重要的时期，就用四个词简单地判决了，谁怀疑这一点，“他自己也应当被列入某种白痴的范畴”。

从杜林对后来的社会主义者的评论中，我们为了节省篇幅只举出有关拉萨尔和马克思的那些话：

拉萨尔：“学究气的、咬文嚼字的通俗化尝试……芜杂的经院哲学……一般理论和琐碎废话的奇怪的混合……失去理智的和不成体统的黑格尔迷信……吓唬人的例子……特有的局限性……靠最无聊的琐事来自炫……我们的犹太英雄……写写小册子的人……卑劣的……人生观和世界观的内在不坚定性。”

马克思：“理解力褊狭……他的著作和成就，从本身来看，即从纯理论的角度来看，对我们的领域〈社会主义批判史〉没有长远意义，而对思潮的一般历史来说最多只能看做近代宗派经院哲学中一个支脉的影响的象征……集中化和系统化的能力的薄弱……思想和文体的不成体统，语言上的下流习气……英国化的虚荣心……欺骗……混乱的观念，它们实际上只是历史幻想和逻辑幻想的杂种……迷惑人的辞令……个人的虚荣心……卑劣的手法……无礼的……舞文弄墨的笨蛋和蠢货……中国人式的博学……哲学和科学上的落后。”

如此等等，不一而足，因为这还是从杜林的玫瑰园中随手采来的一小束花。自然，我们暂且还根本不涉及这些可爱的谩骂——如果杜林先生稍稍有点教养的话，他在谩骂时就不会把**任何东西**都看做是卑劣的和无礼的——是否也是最后的终极的真理。将来，尤其是现在，我们要留神，丝毫不要怀疑这些谩骂的深厚根底，因为不然，也许我们甚至要被禁止去挑选我们所应属的白痴的范畴。我们认为我们的责任只是在于，一方面举例说明杜林先生所谓

“讲究措辞的谨慎而又真正谦虚的表达方法”；

另一方面确认：在杜林先生那里，他的先驱者的一无是处，正像他自己的没有谬误一样，是肯定无疑的。如果一切确实是这样，那么，我们就得在这位一切时代最伟大的天才面前诚惶诚恐，毕恭毕敬。

第一编 哲　学

三　分类。先验主义

按照杜林先生的说法，哲学是对世界和生活的意识的最高形式的阐发，在更广的意义上说，还包括一切知识和意愿的原则。无论在哪里，只要某一系列的认识或冲动，或者某一类存在形式为人的意识所考察，这些形式的原则就应当是哲学的对象。这些原则是简单的或迄今被设想为简单的成分，这些成分可以构成各种各样的知识和意愿。同物体的化学组成一样，事物的一般状态也可以还原为

基本形式和基本元素。这些终极的成分或原则，一旦被发现，就不仅对于直接知道和接触到的东西，而且对于我们不知道和接触不到的世界也都有意义。因此，哲学原则就成了科学要成为对自然界和人类生活进行解释的统一体系所需要的最后补充。除了一切存在的基本形式，哲学只有两个真正的研究对象，即自然界和人类世界。这样，在我们的材料整理上就自然而然地分成了三部分，这就是：一般的世界模式论，关于自然原则的学说，以及最后关于人的学说。在这个序列中，同时也包含某种内在的逻辑次序，因为适用于一切存在的那些形式的原则走在前面，而运用这些原则的对象性领域则按其从属次序跟在后面。

杜林先生就是这样说的，而且这里几乎完全是逐字逐句地引述的。

可见，他所谓的**原则**，就是从**思维**而不是从外部世界得来的那些形式的原则，这些原则应当被运用于自然界和人类，因而自然界和人类都应当适应这些原则。但是，思维从什么地方获得这些原则呢？从自身中吗？不，因为杜林先生自己说：纯粹观念的领域只限于逻辑模式和数学形式（而且我们将会看到，后者是错误的）。逻辑模式只能同**思维**形式有关系；但是这里所谈的只是**存在**的形式，外部世界的形式，思维永远不能从自身中，而只能从外部世界中汲取和引出这些形式。这样一来，全部关系都颠倒了：原则不是研究的出发点，而是它的最终结果；这些原则不是被应用于自然界和人类历史，而是从它们中抽象出来的；不是自然界和人类去适应原则，而是原则只有在符合自然界和历史的情况下才是正确的。这是对事物的唯一唯物主义的观点，而杜林先生的相反的观点是唯心主义的，它把事物完全头足倒置了，从思想中，从世界形成之前就久远地存在于某个地方的模式、方案或范畴中，来构造现实世界，这完全像**一个**

叫做黑格尔的人的做法。

确实是这样。我们可以把黑格尔的《全书》以及它的全部热昏的胡话同杜林先生的最后的终极的真理对照一下。在杜林先生那里首先是一般的世界模式论，这在黑格尔那里称为**逻辑学**。其次，他们两人把这些模式或者说逻辑范畴应用于自然界，就是自然哲学；而最后，把它们应用于人类，就是黑格尔叫做精神哲学的东西。这样，杜林这套序列的“内在的逻辑次序”就“自然而然地”引导我们回到了黑格尔的《全书》，它如此忠实地抄袭《全书》，竟使黑格尔学派的永世流浪的犹太人柏林的米希勒教授感激涕零。

如果完全自然主义地把“意识”、“思维”当做某种现成的东西，当做一开始就和存在、自然界相对立的东西，那么结果总是如此。如果这样，那么意识和自然，思维和存在，思维规律和自然规律如此密切地相适应，就非常奇怪了。可是，如果进一步问：究竟什么是思维和意识，它们是从哪里来的，那么就会发现，它们都是人脑的产物，而人本身是自然界的产物，是在自己所处的环境中并且和这个环境一起发展起来的；这里不言而喻，归根到底也是自然界产物的人脑的产物，并不同自然界的其他联系相矛盾，而是相适应的。

但是，杜林先生不允许自己这样简单地对待问题。他不仅以人类的名义来思维——这本身已经是件相当了不起的事情——，而且以一切天体上的有意识的和能思维的生物的名义来思维。

其实，“如果想通过‘人的’这个修饰语来排除或者哪怕只是怀疑意识和知识的基本形式的至上的意义和它们的无条件的真理权，那么这就贬低了这些基本形式”。

因此，为了使人们不致怀疑其他某个天体上二乘二等于五，杜林先生就不能把思维称做人的思维，因而只好使思维脱离唯一的真实的基础，即脱离人和自然界，而在我们看来思维是在这个基础上产生的；于是杜林先生就绝望地陷入使他以“模仿者”黑格尔的模仿者的面目出现的那种意识形态里。附带说一下，我们还要更加频繁地在其他天体上欢迎杜林先生。

不言而喻，在这样的意识形态的基础上是不可能建立任何唯物主义学说的。我们以后会看到，杜林先生不得不一再把有意识的行动方式，即直截了当地叫做上帝的东西，硬塞给自然界。

此外，我们的现实哲学家把全部现实的基础从现实世界搬到思想世界，还有另一种动机。关于这种一般世界模式论、关于这种存在的形式原则的科学，正是杜林先生的哲学的基础。如果世界模式论不是从头脑中，而仅仅是**通过**头脑从现实世界中得来的，如果存在的原则是从实际存在的事物中得来的，那么为此我们所需要的就不是哲学，而是关于世界和世界中所发生的事情的实证知识；由此产生的也不是哲学，而是实证科学。但是这样一来，杜林先生的整部著作就是徒劳无益的东西了。

其次，既然这样的哲学已不再需要，那么任何体系，甚至哲学的自然体系也就不再需要了。关于自然界所有过程都处在一种系统联系中的认识，推动科学到处从个别部分和整体上去证明这种系统联系。但是，对这种联系作恰当的、毫无遗漏的、科学的陈述，对我们所处的世界体系形成精确的思想映象，这无论对我们还是对所有时代来说都是不可能的。如果在人类发展的某一时期，这种包括世界各种联系——无论是物质的联系还是精神的和历史的联系——的最终完成的体系建立起来了，那么，人的认识的领域就从此完结，而且从社会按照那个体系来安排的时候起，未来的历史的进一步发展就中断了，——这是荒唐的想法，是纯粹的胡说。这样人们就碰到一个矛盾：一方面，要毫无遗漏地从所有的联系中去认识世界体系；另一方面，无论是从人们的本性或世界体系的本性来说，这个任务是永远不能完全解决的。但是，这个矛盾不仅存在于世界和人这两个因素的本性中，而且还是所有智力进步的主要杠杆，它在人类的无限的前进发展中一天天不断得到解决，这正像某些数学课题在无穷级数或连分数中得到解答一样。事实上，世界体系的每一个思想映象，总是在客观上受到历史状况的限制，在主观上受到得出该思想映象的人的肉体状况和精神状况的限制。可是杜林先生一开始就宣布，他的思维方式是排除受主观主义限制的世界观的任何趋向的。我们在前面已经看到，杜林先生是无所不在的——在一切可能的天体上。现在我们又看到，他是无所不知的。他解决了科学的最终课题，从而封闭了一切科学走向未来的道路。

杜林先生认为，和存在的基本形式一样，全部纯数学也可以先验地，即不利用外部世界给我们提供的经验而从头脑中构思出来。

在纯数学中，知性所处理的是“它自己的自由创造物和想象物”；数和形的概念“对纯数学来说是足够的并且是由它自己创造的对象”，所以纯数学具有“不依赖于特殊经验和世界现实内容的意义”。

纯数学具有不依赖于任何个人的**特殊**经验的意义，这当然是正确的，而且这也适用于各门科学的所有已经确定的事实，甚至适用于所有的事实。磁有两极；水由氢和氧化合而成；黑格尔死了，而杜林先生还活着；——这些事实都不依赖于我的或其他个人的经验，甚至也不依赖于杜林先生的经验，如果他酣然入睡的话。但是在纯数学中知性决不是只处理自己的创造物和想象物。数和形的概念不是从其他任何地方，而是从现实世界中得来的。人们用来学习计数即做第一次算术运算的十个指头，可以是任何别的东西，但总不是知性的自由创造物。为了计数，不仅要有可以计数的对象，而且还要有一种在考察对象时撇开它们的数以外的其他一切特性的能力，而这种能力是长期的以经验为依据的历史发展的结果。和数的概念一样，形的概念也完全是从外部世界得来的，而不是在头脑中由纯思维产生出来的。必须先存在具有一定形状的物体，把这些形状加以比较，然后才能构成形的概念。纯数学是以现实世界的空间形式和数量关系，也就是说，以非常现实的材料为对象的。这种材料以极度抽象的形式出现，这只能在表面上掩盖它起源于外部世界。但是，为了对这些形式和关系能够从它们的纯粹状态来进行研究，必须使它们完全脱离自己的内容，把内容作为无关重要的东西放在一边；这样就得到没有长宽高的点，没有厚度和宽度的线，a 和 b 与 x 和 y，常数和变数；只是在最后才得到知性自身的自由创造物和想象物，即虚数。甚至数学上各种数量的表面上的相互导出，也并不证明它们的先验的来源，而只是证明它们的合理的联系。矩形绕自己的一边旋转而得到圆柱**形**，在产生这样的观念以前，一定先研究了一些现实的矩形和圆柱形，即使它们在形状上还很不完全。和其他各门科学一样，数学是从人的**需要**中产生的，如丈量土地和测量容积，计算时间和制造器械。但是，正像在其他一切思维领域中一样，从现实世界抽象出来的规律，在一定的发展阶段上就和现实世界脱离，并且作为某种独立的东西，作为世界必须遵循的外来的规律而同现实世界相对立。社会和国家方面的情形是这样，**纯**数学也正是这样，它在以后被**应用**于世界，虽然它是从这个世界得出来的，并且只表现世界的构成形式的一部分——正是**仅仅因为这样**，它才是可以应用的。

但是杜林先生以为，他不需要任何经验的填加料，就可以从那些“按照纯粹逻辑的观点既不可能也不需要论证”的数学公理中推导出全部纯数学，然后把它应用于世界，同样，他以为，他可以先从头脑中制造出存在的基本形式、一切知识的简单的成分、哲学的公理，再从它们中推导出全部哲学或世界模式论，并把自己的这一宪法钦定赐给自然界和人类世界。可惜，自然界根本不是由 1850 年曼托伊费尔的普鲁士人组成的，而人类世界也只有极其微小的一部分才是由他们组成的。

数学公理是数学不得不从逻辑学那里借用的极其贫乏的思想内容的表现。它们可以归结为以下两条：

1. 整体大于部分。这个命题纯粹是同义反复，因为部分这一从数量上来把握的观念一开始就和整体这个观念以一定的方式相联系，就是说，“部分”直接表示：数量上的“整体”是由若干数量上的“部分”组成的。这个所谓的公理明确地肯定了这一点，但我们没有因此前进一步。这一同义反复甚至在一定程度上还可以这样来**证明**：整体是由若干部分组成的东西；部分是若干合在一起才构成整体的东西；因此部分小于整体——在这里重复的空洞更强烈地显示了内容的空洞。

2. 如果两个数量等于第三个数量，那么它们彼此相等。正像黑格尔已经证明过的，这个命题是逻辑可以担保其正确性的那种推论，因此它已经得到证明了，虽然是在纯数学之外得到证明的。其他关于相等和不相等的公理只是这个推论的合乎逻辑的扩展。

不论在数学中还是在别的领域中，这样贫乏的命题都是无济于事的。为了继续前进，我们必须引入真实的关系，来自现实物体的关系和空间形式。线、面、角、多角形、立方体、球体等等观念都是从现实中得来的，只有陷入幼稚意识形态的人，才会相信数学家的话：第一条线是由点在空间的运动产生的，第一个面是由线的运动产生的，第一个立体是由面的运动产生的，如此等等。这种说法甚至也遭到语言的反驳。一个具有三维的数学图形叫做立体，corpus solidum，就是说在拉丁文中这个词甚至是指可以触摸到的物体，所以这个名称决不是从知性的自由想象中得来的，而是从确凿的现实中得来的。

但是，所有这些冗长的论述有什么用呢？杜林先生在第42页和第43页上热烈地歌颂纯数学对经验世界的独立性、它的先验性以及它对知性特有的自由创造物和想象物的研究，以后他又在第63页上说：

“这就是说，人们容易忽视，那些数学的要素〈数、数量、时间、空间和几何运动〉只在形式上是观念的…… 所以绝对的数量无论它们属于哪一类，都是某种完全经验的东西。”……但是，“数学的模式能够作一种虽是脱离经验的、但仍然是充分的描述”，

这种说法或多或少可以适用于**任何的**抽象，但是决不能证明后者不是从现实中抽象出来的。在世界模式论中，纯数学产生于纯思维，而在自然哲学中，纯数学是某种完全经验的东西，是来自外部世界、然后又脱离外部世界的东西。我们应该相信哪一种说法呢？

四 世界模式论

“包罗万象的存在是唯一的。由于它是自满自足的，因而没有任何东西同它并列或在它上面。如果给它加上第二个存在，那就使它成为不是它本来那样的东西，即成为一个包容更广的整体的一部分或组成部分。当我们把自己的仿佛框子一样的统一思想扩展开来时，任何必须进入这个思想统一体的东西都不能在自身中保持两重性。但是任何东西也不能脱离这个思想统一体…… 一切思维的本质就在于把意识的要素联合为一个统一体…… 不可分割的世界概念正是通过这种综合的统一点产生的，而宇宙，就像这个词本身所表明的，被认为是万物在其中联合为一个统一体的东西。”

杜林先生就是这样说的。数学方法：

“任何问题都应当从简单的基本形式上，按照公理来解决，正如对待简单的……数学原则一样。”——

这一方法在这里首先被使用。

“包罗万象的存在是唯一的。”如果同义反复，即在**谓语**中简单地重复主语中已经说过的东西，也算是公理的话，那么我们在这里就有了一个最纯粹的公理。杜林先生在主语中告诉我们，存在包罗万象，而他在谓语中则大胆地断定：因此没有任何东西是在这一存在之外的。多么了不起的“创造体系的思想”！

真是在创造体系。我们往下读还不到六行，杜林先生就借助我们的统一思想，把存在的**唯一性**变成它的**统一性**了。因为一切思维的本质都在于把事物综合为一个统一体，所以，存在一旦被思考，就被思考为统一的东西，世界概念就成为不可分割的；又因为**被思考的**存在、**世界概念**是统一的，所以现实的存在、现实的世界也是不可分割的统一体。这样，

“只要精神一学会从存在的同种的普遍性中去把握存在，彼岸性就再没有任何位置了”。

这是一次使奥斯特利茨和耶拿、克尼格雷茨和色当黯然失色的征战。在我们动员第一个公理后还不到一页，只用三言两语，就已经把所有彼岸的东西，上帝、天使军、天堂、地狱和涤罪所，连同灵魂不死，都废弃、排除、消灭了。

我们是怎样从存在的唯一性转到它的统一性的呢？全靠我们对

它的想象。我们一旦把我们的仿佛框子一样的统一思想围绕着存在扩展开来，唯一的存在就在思想中变成统一的存在，变成思想统一体；因为**一切**思维的本质就在于把意识的要素联合为一个统一体。

最后这句话是完全错误的。第一，思维既把相互联系的要素联合为一个统一体，同样也把意识的对象分解为它们的要素。没有分析就没有综合。第二，思维，如果它不做蠢事的话，只能把这样一些意识的要素综合为一个统一体，在这些意识的要素中或者在它们的现实原型中，这个统一体**以前**就已经**存在**了。如果我把鞋刷子综合在哺乳动物的统一体中，那它决不会因此就长出乳腺来。可见，存在的统一性，或者说把存在理解为一个统一体的根据，正是需要加以证明的；当杜林先生向我们保证，他认为存在是统一的而不是什么两重性的东西的时候，他无非是向我们发表他的无足轻重的意见罢了。

如果我们要原原本本地叙述他的思想过程，那么它就是：我从存在开始。因此我思考着存在。关于存在的思想是统一的。但是思维和存在必须互相协调，互相适应，“互相一致”。因此，在现实中存在也是统一的。因此，任何“彼岸性”都是不存在的。但是，如果杜林先生这样不加掩饰地说出来，而不用上述那些极端玄妙的话来款待我们，那么他的意识形态就昭然若揭了。企图以思维和存在的同一性去证明任何思维产物的现实性，这正是一个叫做黑格尔的人所说的最荒唐的热昏的胡话之一。

即使杜林先生的全部论证都是对的，他也没有从唯灵论者那里赢得一寸阵地。唯灵论者简短地回答他说：我们也认为世界**是**单一的；只有从我们的特殊世俗的、原罪的观点来看，才有此岸和彼岸之分；全部存在就其本身说来，就是说，在上帝那里，是统一的。他们将陪着杜林先生到他所喜爱的其他天体上去，指给他看一个或几个天体，那里没有原罪，所以那里也没有此岸和彼岸的对立，世界的统一性是信仰的要求。

在这个问题上最可笑的是，杜林先生为了用存在的概念去证明上帝不存在，却运用了证明上帝存在的本体论论证法。这种论证法说：当我们思考着上帝时，我们是把他作为一切完美性的总和来思考的。但是，归入一切完美性的总和的，首先是存在，因为不存在的东西必然是不完美的。因此我们必须把存在算在上帝的完美性之内。因此上帝一定存在。——杜林先生正是这样论证的：当我们思考着存在的时候，我们是把它作为**一个**概念来思考的。综合在一个概念中的东西是统一的。因此，如果存在不是统一的，那么它就不符合它本身的概念。所以它一定是统一的。所以上帝是不存在的，如此等等。

当我们说到**存在**，并且**仅仅**说到存在的时候，统一性只能在于：我们所说的一切对象**都是存在的**、实有的。它们被综合在这种存在的统一性中，而不在任何别的统一性中；说它们**都是存在的**这个一般性论断，不仅不能赋予它们其他共同的或非共同的特性，而且暂时排除了对所有这些特性的考虑。因为只要我们离开存在是所有这些事物的共同点这一简单的基本事实，哪怕离开一毫米，这些事物的**差别**就开始出现在我们眼前。至于这些差别是否在于一些是白的，另一些是黑的，一些是有生命的，另一些是无生命的，一些是所谓此岸的，另一些是所谓彼岸的，那我们是不能根据把单纯的存在同样地加给一切事物这一点来作出判断的。

世界的统一性并不在于它的存在，尽管世界的存在是它的统一性的前提，因为世界必须先**存在**，然后才能是**统一的**。在我们的视野的范围之外，存在甚至完全是一个悬而未决的问题。世界的真正的统一性在于它的物质性，而这种物质性不是由魔术师的三两句话所证明的，而是由哲学和自然科学的长期的和持续的发展所证明的。

继续往下看。杜林先生对我们谈到的**存在**

“不是那种纯粹的存在，即自身等同的、应当没有任何特殊规定性的而且实际上仅仅是思想虚无或无思想之对应物的存在”。

但是我们很快就看到，杜林先生的世界的确是从这样一种存在开始的，这种存在没有任何内在的差别、任何运动和变化，所以事实上只是思想虚无的对应物，所以是真正的虚无。只是从这样的**存在－虚无**，才发展出现在的分化了的、变化多端的、表现为一种发展、一种**生成**的世界状态；我们只有在懂得了这一点以后，才能够甚至在这种永恒的变化下

“把握自身等同的无所不包的存在的概念”。

这样，我们现在就有了较高阶段上的存在的概念，在这里，存在的概念既有不变，又有变，既有存在，又有生成。达到这点以后，我们就发现：

“类和种，统而言之，一般和特殊，是最简单的区别方法，没有这种方法，就不能理解事物的状态”。

但是这些都是区别**质**的方法；看过这些以后，我们再往下看：

“和类相对立的，是量的概念，这个量是同种的，其中再没有种的区别”；

这就是说，我们从**质**转到**量**，而量总是**“可测度的”**。

现在让我们把这个“一般有效模式的**透彻分析**”以及它的“真

正批判的观点”同一个叫做黑格尔的人的粗制品、混乱的东西和热昏的胡话比较一下。我们看到，黑格尔的逻辑学是从**存在**开始的——像杜林先生一样；这种存在表现为一种**虚无**——也和杜林先生一样；从这种“存在－虚无”过渡到**生成**，生成的结果就是定在，即存在的较高的较充实的形式——完全和杜林先生一样。定在导致**质**，质导致**量**——完全和杜林先生一样。为了不遗漏任何要点，杜林先生利用另外一个机会对我们说：

“人们不管一切量的渐进性，而只是通过质的飞跃从无感觉的领域进入感觉的领域，关于这种飞跃，我们……可以断言，它和同一特性的单纯的渐进有无限的差别。”

这完全是黑格尔的度量关系的关节线，在这里纯粹量的增多或减少在一定的关节点上引起**质的飞跃**，例如，把水加热或冷却，沸点和冰点就是这种关节点，在这种关节点上——在标准压力下——完成了进入新的聚集状态的飞跃，就是说，在这里量就转变为质。

我们的研究也力图穷根究底，并且发现杜林的根底深厚的基本模式的根子原来是一个叫做黑格尔的人的“热昏的胡话”，即黑格尔《逻辑学》的第一部分存在论的范畴，照搬纯系老黑格尔的“序列”，而且对这种抄袭几乎不想作任何掩饰！

但是杜林先生并不满足于从被他百般辱骂的先驱那里剽窃完整的存在模式论，他自己在举出了上述从量到质的飞跃式转变的例子以后，竟泰然自若地谈起了马克思：

“例如，〈马克思〉引证黑格尔关于量转变为质这一混乱的模糊观念，这岂不显得多么滑稽！”

混乱的模糊观念！究竟是谁在这里转变了，究竟是谁在这里显得滑稽，杜林先生？

可见，所有这些漂亮的小玩意，不仅不是根据规定“按照公理来解决”的，而且是干脆从外面，即从黑格尔的逻辑学中搬来的。此外，整章中连内在联系的表面现象都没有，因为没有把这种内在联系也从黑格尔那里抄来，结果，一切都成为关于空间和时间、不变和变的毫无内容的玄想。

黑格尔从存在进到本质，进到辩证法。在这里他研究反思的规定，它们的内在的**对立**和矛盾，例如正和负，然后就进到**因果性**或原因和结果的关系，并以**必然性**作结束。杜林先生也没有什么不同。黑格尔叫做本质论的东西，杜林先生把它译成：存在的逻辑特性。但是这些特性首先在于“力的对抗”，在于**对立**。至于矛盾，杜林先生是根本否认的；关于这个问题，我们以后再回头来谈。然后，他就转到**因果性**，并从因果性转到**必然性**。所以，如果杜林先生这样来谈自己：

“我们不是**从笼子里**谈哲学”，

那么大概他是说：他是**在**笼子里谈哲学，就是说，是在黑格尔的范畴模式论的笼子里谈哲学。

五　自然哲学。时间和空间

现在我们来谈**自然哲学**。在这里杜林先生又有种种理由对自己的先驱表示不满。

自然哲学“堕落到这种地步，它竟变成了混乱的、以无知为基础的伪诗词”，并且“陷入一个叫做谢林的人和诸如此类以绝对物的祭司自炫并迷惑公众的伙伴们的卖弄风骚的哲学清谈”。疲倦把我们从这些“怪物”那里援救出来，可是直到现在，它只给“动摇性”让出了位置；“至于谈到广大的公众，大家知道，在他们看来，比较大的江湖骗子的退隐，往往只是给比较小的、却比较世故的后继者提供一个机会，去用别的招牌重新端出前者的货色”。自然科学家自己对于“在囊括世界的观念的王国中漫游”不太“感兴趣”，所以在理论领域中带有纯属“漫不经心的轻率性”。

这里亟待援救，幸亏有杜林先生在。

为了正确估价以下关于世界在时间上有发展而在空间上有界限的启示，我们不得不重新回来研究“世界模式论”的几个地方。

又和黑格尔一样（《全书》第93节），存在被赋予无限性——黑格尔称之为**恶**无限性，然后对这种无限性进行研究。

“可以没有矛盾地加以思考的无限性的最明显的形式，是数在数列中的无限积累…… 正如我们可以在每一个数后面加上另一个个位数而永远不会使进一步计数的可能性穷尽一样，存在的每一个状态也都有另一个状态与之联接，而无限性就在于这些状态的层出不穷。因此，这种被确切地加以思考的无限性也只有一个具有唯一方向的唯一基本形式。因为，对我们的思维来说，设想这些状态向着相反的方向积累，虽无关紧要，但这种向后倒退的无限性正好只是轻率地想象出来的东西。既然这种无限性真的要朝反方向走，那么它在它的每一个状态中，都得有一个无限数列留在自己后面。但是这样就会出现可以计数的无限数列这种不可允许的矛盾，所以假定无限性还有第二个方向，显然是荒唐的。”

从对无限性的这种看法中得出的第一个结论是，世界上的因果链条应当在某个时候有个开端：

“已经彼此连接起来的原因的无限数，是不可思议的，因为它假定数不尽的数是可以计数的”。

这样就证明有**终极原因**。

第二个结论是

“定数律：任何由独立物组成的现实的类的相同物的积累，只有作为一定的数的构成，才是可思议的”。不仅天体的现有数目在每一瞬间必然是本来就确定的，而且一切存在于世界上的、物质的最小独立部分的总数，也必然是这样。后一种必然性是说明为什么任何化合物没有原子都是不可思议的真正理由。一切现实的可分性总是具有而且必然具有有限的规定性，不然就会出现可以计数的数不尽的数这个矛盾。根据同样的理由，不仅迄今为止地球环绕太阳运行的次数必然是确定的——即使还说不出来，而且一切周期性的自然过程都必然有某个开端，而自然界相继发生的一切分化、一切多样性，都必然渊源于某种**自身等同的状态**。这种状态可以从来就没有矛盾地存在着，可是，如果时间本身是由各个现实的部分组成的，而不是仅仅由我们的知性借助观念上对种种可能性的安排来任意划分的，那么上述观念就被排除了。至于现实的自身有区别的时间内容，那情形就不一样了；在时间中实际地充满各种可以区分的事实这一点以及这一领域内的各种存在形式，正是由于自身的差别性，才是可以计数的。如果我们设想这样一种状态，其中没有什么变化，并且由于它的自身等同性而根本没有前后相继的差别，那么比较特殊的时间概念也就变成比较一般的存在观念。空洞持续性的积累究竟是什么意思，根本不可思议。

杜林先生就是这样说的，而且他因这些发现的重要性而自鸣得意。起初，他希望这些发现“至少不被看做微不足道的真理”；可是后来我们看到：

“大家回想一下我们用来促使无限性概念及其批判具有空前影响的那些极其简单的说法……由于现代的尖锐化和深化而变得如此简单的普遍时空观念的因素。”

我们促使！现代的深化和尖锐化！我们是谁，我们的现代是什么时候？谁使之深化和尖锐化？

“论题：世界在时间上是有开端的，在空间上也是有界限的。——证明：假定世界在时间上没有开端，那么在任何一个既定的瞬间之前有一种永恒经历过了，因而彼此相继的事物状态的无限序列便在世界上流逝了。但是，序列的无限性正好在于它永远不能由连续的综合来完成。因此，无限的、已经流逝的世界序列是不可能的，可见世界的开端是世界存在的必要条件。这是需要证明的第一点。——关于第二点，我们再假定相反的情形：世界是一个由同时存在的事物所构成的无限的既定的整体。对于不在任何直觉的某种界限内提供的量的大小，我们只有通过各个部分的综合这种方式才可以设想，而对于这种量的总和，我们只有通过完成的综合或通过单位自身的重复相加才可以设想。由此可见，为了把充满一切空间的世界设想为一个整体，必须把无限世界的各个部分的连续综合看做已经完成的，就是说，在对所有同时存在的事物逐一计数时，无限的时间必须被看做已经终止了的，但这是不可能的。由此可见，现实事物的无限聚集不能被看做一个既定的整体，因而也不能被看做同时提供出来的东西。所以，世界就其在空间的广延来说，不是无限的，而是有自己的界限的。这是〈需要证明的〉第二点。”

这些命题是逐字逐句从一本很著名的书上抄下来的，这本书在1781年第一次出版，书名是《纯粹理性批判》，伊曼努尔·康德著。这些命题每一个人都可以在这部著作的第一部第二编第二卷第二章第二节《纯粹理性的第一个二律背反》中读到。看来，杜林先生的光荣只在于他给康德所表述的思想安上了一个**名称**——定数律，在于发现有一个时候世界虽然已经存在，但是还没有时间。至于说到其余的一切，即在杜林先生的分析中还有些意思的一切，那就表明“我们”就是伊曼努尔·康德，而“现代”只有95年。的确“极其简单”！好个“空前影响”！

可是康德根本没有说上述命题已经通过他的证明最终确立了。相反，在同页的对照栏内，他提出并证明了相反的命题：世界在时间上没有开端，在空间上没有终点；康德正是在第一个命题像第二个命题一样可以得到证明这一点上，看出了二律背反，即不能解决的矛盾。“一个叫做康德的人”在这里发现了不能解决的困难，才智比较平庸的人对此或许会感到有些困惑。我们这位勇敢的、“完全独特的结论和观点”的炮制者却不是这样：他孜孜不倦地从康德的二律背反中抄下对他有用的东西，而把其余的东西抛在一边。

问题本身解决得非常简单。时间上的永恒性、空间上的无限性，本来就是，而且按照简单的词义也是：**没有一个**方向是有终点的，不论是向前或向后，向上或向下，向左或向右。这种无限性和无限序列的无限性完全不同，因为后一种无限性起初总是从一，从序列的第一项开始的。这种序列观念不能应用于我们的对象，这在我们把它应用于空间的时候就立刻显示出来了。无限序列一移到空间，就是从某一点起按一定方向延伸到无限的线。这样，空间的无限性是不是就被表达出来了，即使表达得很不贴切。恰恰相反，为了得出空间的维的概念，只需要从一点上按三个相反的方向延伸出六条线，这样一来，我们就会得到空间的六维。康德很懂得这一点，所以他只是间接地、转弯抹角地把他的数列移到世界的空间性上来。杜林先生却相反，他强迫我们接受空间的六维，随后又对那位不愿以通常的空间的三维为满足的高斯的数学神秘主义表示难以言喻的愤慨。

向两个方向延伸的无限的线或无限的单位序列在运用于时间的时候，具有某种比喻的意义。但是，如果我们把时间想象为一种从一数起的序列或从某一**点**延伸出去的线，那么，我们就是事先说时间是有开端的，我们把我们正好要证明的东西当做前提。我们赋予时间的无限性一种单向的、半截的性质；可是单向的、半截的无限性也是自身中的矛盾，即“没有矛盾地加以思考的无限性”的直接对立物。为了避免这一矛盾，我们只能假定，我们在对序列进行计数时所由开始的一、我们在量度线时所由出发的点，是序列中的任何一个一、线上的任何一个点，至于我们把一或点放在哪里，这对线或序列来说是无所谓的。

但是“可以计数的无限数列”的矛盾呢？只要杜林先生向我们施展出绝招，**数出这种无限数列**，我们就能够更详细地来研究这个矛盾。等他完成了从 $-\infty$（负无限）到 0 的计算时，再来见我们吧。可是显然，不论他从哪里开始计数，总有一个无限序列留在他后面，同这个序列一起的还有他应当解决的课题。就让他把自己的无限序列 1 + 2 + 3 + 4……倒过来，并且试试从无限的终点再数到一；显而易见，这是一个完全不懂事理的人的尝试。不仅如此。如果杜林先生断言，已经流逝的时间的无限序列已经数出来了，那么他就是断言，时间是有开端的；因为，否则他就根本不能开始“计数”。因此，他又把他应当证明的东西当做前提塞进来了。因此，可以计数的无限序列的观念，换句话说，杜林的囊括世界的定数律，是一

个形容语的矛盾 [contradictio in adjecto]，它本身就包含着矛盾，而且是**荒唐的**矛盾。

很清楚，有终点而无开端的无限性和有开端而无终点的无限性，都同样是无限的。杜林先生只要有一点点辩证的洞察力就一定会知道，开端和终点正像北极和南极一样必然是互相联系的，如果略去终点，开端就正好成为终点，即序列所具有的**一个**终点，反过来也是一样。如果没有数学上运用无限序列的习惯，全部错觉都不可能有了。因为在数学上，为了达到不确定的、无限的东西，必须从确定的、有限的东西出发，所以一切数学的序列，正的或负的，都必须从一开始，否则就无从计算。但是，数学家的观念上的需要，对现实世界来说决不是强制性法律。

此外，杜林先生永远做不到没有矛盾地思考现实的无限性。无限性**是**一个矛盾，而且充满矛盾。无限纯粹是由有限组成的，这已经是矛盾，可是情况就是这样。物质世界的有限性所引起的矛盾，并不比它的无限性所引起的矛盾少，正像我们已经看到的，任何消除这些矛盾的尝试都会引起新的更糟糕的矛盾。正**因为**无限性是矛盾，所以它是无限的、在时间上和空间上无止境地展开的过程。如果矛盾消除了，那无限性就终结了。黑格尔已经完全正确地看到了这一点，所以他以应有的轻蔑态度来对待那些对这种矛盾苦思冥想的先生们。

我们再往下看。这样，时间有了开端。可是**在**这个开端**之前**是什么呢？是处在自身等同的、不变的状态中的世界。由于在这种状态中没有任何相继发生的变化，所以比较特殊的时间概念也变成比较一般的**存在**观念。第一，什么概念在杜林先生的脑子里变化着，这和我们毫不相干。这里所说的，不是**时间概念**，而是杜林先生决不可能这样轻易地摆脱掉的**现实的**时间。第二，无论时间概念怎样可以变为比较一般的存在观念，我们并没有因此前进一步。因为一切存在的基本形式是空间和时间，时间以外的存在像空间以外的存在一样，是非常荒诞的事情。黑格尔的“非时间上过去的存在”和晚期谢林的“不可追溯的存在”，同这种时间以外的存在相比还是合理的观念。因此，杜林先生非常谨慎地行事：实在说，这也许是时间，但这是实质上不能称为时间的那种时间，因为这种时间本身不是由各个现实的部分组成，而仅仅是由我们的知性任意划分的，只有在时间中实际地充满各种可以区分的事实这一点才是可以计数的，而空洞持续性的积累究竟是什么意思，根本不可思议。这种积累究竟是什么意思，在这里完全无关紧要。问题是：处于这里所假定的状态中的世界是否持续下去，是否经历时间的持续？我们早已知道，量度这种毫无内容的持续性将一无所得，就像在虚无缥缈的空间中毫无目的和目标地量度也将一无所得一样；正因为这种做法很无聊，黑格尔才把这种无限性称为**恶**无限性。按照杜林先生的说法，时间仅仅通过变化才存在，不是变化存在于时间之中并通过时间而存在。正因为时间是和变化不同的，是离开变化而独立的，所以可以用变化来量度时间，因为在量度的时候总是需要一种与所量度的东西不同的东西。而且，不发生任何显著变化的时间，远非**不是**时间；确切地说，它是**纯粹的**、不受任何外来的混入物所影响的时间，因而是真正的时间，**作为时间的**时间。事实上，如果我们要把握完全纯粹的、排除一切外来的不相干的混入物的时间概念，那么，我们就不得不把所有在时间上同时或相继发生的各种事变当做与此无关的东西放在一旁，从而设想一种其中没有发生任何事情的时间。因此，我们这样做才不让时间概念沉没在一般的存在观念中，而是由此才得到纯粹的时间概念。

可是，所有这些矛盾和不可能性，同提出自身等同的世界原始状态的杜林先生所陷入的混乱比较起来，还是纯粹的儿戏。如果世界曾经处于一种绝对不发生任何变化的状态，那么，它怎么能从这一状态转到变化呢？绝对没有变化的、而且从来就处于这种状态的东西，不能靠它自己走出这种状态而转入运动和变化的状态。因此，必须有一个从外部、从世界之外来的第一推动，它使世界运动起来。可是大家知道，“第一推动”只是代表上帝的另一种说法。杜林先生在自己的世界模式论中佯称已经干干净净地扫除了上帝和彼岸世界，在这里他自己又把二者加以尖锐化和深化，重新带进自然哲学。

接着，杜林先生说：

“在数量属于存在的不变要素的地方，这种数量在它的规定性上保持不变。这适用于……物质和机械力。”

附带说一下，第一句话是杜林先生的公理式和同义反复式的大话的宝贵例子：在数量不变的地方，数量保持原样。因此，机械力的量既已存在于世界上，就永远保持原样。就算这是对的，在哲学上，大约早在 300 年前笛卡儿已经知道这一点并且说出来了；而在自然科学中，力的守恒学说 20 年来到处都在流传；杜林先生把这种学说局限于**机械**力，丝毫没有加以改进——这些事实我们都撇开不谈。但是，当世界处在不变的状态的时候机械力在哪里呢？对这个问题，杜林先生执拗地拒绝向我们作任何回答。

杜林先生，自身永远保持等同的机械力那时在什么地方呢？它推动了什么呢？回答：

“宇宙的原始状态，或者更明白地说，没有变化的、本身不包含变化的任何时间上积累的物质存在的原始状态，是一个只有认为自我摧残生殖力是绝顶聪明的行为的人才会予以否认的问题。”

因此：或者是你们不加考虑地接受我的没有变化的原始状态，或者是我，有生殖力的欧根·杜林，宣布你们是精神上的阉人。这的确可以吓唬一些人。我们已经看到关于杜林先生的生殖力的若干范例，我们可以同意暂时不答复这一文雅的谩骂，并且再问一次：但是，杜林先生，如果你乐意的话，机械力会变得怎样呢？

杜林先生立刻窘住了。

他吞吞吐吐地说，事实上，“那种原始边际状态的绝对同一，本身并不提供任何转变本原。可是我们记得，实质上，我们所熟悉的存在链条上的任何最小的新环节都有同样的情形。所以谁要想在当前的主要场合指出困难，他就应当留意，不要在不太显眼的场合放过它们。此外，还有可能插入循序渐进的中间状态，从而插入连续性的桥，以便向后倒退，直到变化过程消失。的确，纯粹从概念上讲，这种连续性无助于摆脱主要思想，可是对于我们，它是一切规律性和任何已知的转变的基本形式，因此，我们有权把它用做上述第一个平衡和它的破坏之间的中介。可是，如果我们按照现代力学中已经不引起特殊反对意见〈！〉的概念来想象所谓〈！〉不动的平衡，那么甚至根本不能说明物质怎么能够达到变化过程的。”可是除了物体力学，还有物体运动到最小粒子运动的转变，不过这个转变是怎样产生的，“对此我们直到现在还没有掌握任何一般的原则，而且，如果这些过程稍稍陷入*黑暗中*，那么，我们不应该因此而感到惊奇”。

这就是杜林先生所能说的一切。事实上，如果我们容忍他用这种实在可怜的拙劣的遁词和空话来搪塞，那么我们不仅应当把自我摧残生殖力看成绝顶聪明的行为，而且还应当把盲从看成绝顶聪明的行为。绝对同一自身不能进入变化，这是杜林先生承认的。也没有任何一种手段能够使绝对平衡自身转入运动。那么还有什么呢？

有三个错误的拙劣的论调：

第一，证实我们所熟悉的存在链条上的任何最小的环节向后一个环节的转变是同样困难的。——杜林先生似乎把自己的读者看成吃奶的孩子。证实存在链条上的最小环节的各个转变和联系，正是自然科学的内容。如果在这方面有些地方还有障碍，那么谁也没有想到，甚至杜林先生也没有想到，对发生的运动要从虚无来说明，而人们总是只从以前的运动的转移、变化或传递来加以说明。而在这里像他所承认的，问题在于：让运动从不动中，也就是**从虚无**中产生。

第二，我们有“连续性的桥”。的确，纯粹从概念上讲，它无助于我们摆脱困难，可是我们有权把它**用做**不动和运动之间的中介。可惜，不动的连续性就是**不**运动；所以如何借助它来产生运动，这就比以前更神秘了。无论杜林先生把他的从运动的虚无到普遍运动的转变分成多少无限小的部分，无论他给这种转变以多长的持续时间，我们还是没有从原地前进万分之一毫米。没有造物主的行动，我们无论如何不能从虚无到某物，即使这个某物小得像数学上的微分一样。因此，连续性的桥甚至不是驴桥，它只是供杜林先生通过的桥。

第三，在现代力学适用的范围内——按照杜林先生的意见，现代力学是形成思维的最重要的杠杆之一——它完全不能说明怎样从不动转到运动。可是力学的热理论告诉我们，物体运动在一定条件下转化为分子运动（虽然在这里运动也是从另一种运动中产生的，但决不是从不动中产生的）；杜林先生胆怯地暗示说，这或许可以在严格的静（平衡）和动（运动）之间架起一座桥。可是这些过程“稍稍陷入黑暗中”。杜林先生就让我们留在这样的黑暗中。

我们随着全部深化和尖锐化达到了这种地步：我们越来越深地陷入越来越尖锐的谬论，并且终于到达那必须到达的地方——“黑暗

中”。但是这并没有太使杜林先生难为情。就在下一页，他厚颜无耻地断定，他已经

“能够直接根据物质和机械力的作用，赋予自身等同的不变状态的概念以真实内容”。

这样的人还说别人是“江湖骗子”呢！

我们尽管在“黑暗中”走入迷途，不知所措，幸而还得到一种安慰，而且的确是令人振奋的安慰：

“其他天体的居民的数学，决不能以我们的公理以外的别的公理为依据！”

六 自然哲学。天体演化学，物理学，化学

往下，我们来谈谈关于现在的世界是通过什么方式和方法产生的理论。

物质的普遍弥散状态早已是伊奥尼亚派哲学家的基本观念，可是特别从康德以来，原始星云的假设起了新的作用，在这里，引力和热辐射对各个固态天体的逐渐形成起了中介作用。当代的力学的热理论，使得有关宇宙早期状态的那些推论明确得多了。虽然如此，“气状弥散状态只有在人们能够事先比较明确地说明其中所存在的力学体系的时候，才能成为严肃的推论的出发点。否则，不仅这个观念在事实上仍然是极端模糊的，而且原始的星云，如果进一步推论下去，也要真正变成越来越密、越来越不能穿透了……现在一切暂时还是处于一个不太好捉摸的弥散观念的混沌模糊之中”，因此，

“关于这个气状的宇宙”，我们得到的“只是一种非常浮泛的概念”。

康德关于所有现在的天体都从旋转的星云团产生的学说，是从哥白尼以来天文学取得的最大进步。认为自然界在时间上没有任何历史的那种观念，第一次被动摇了。在这之前，人们都认为，各个天体从最初起就始终在同一轨道上并且保持同一状态；即使在单个天体上单个有机体会消亡，人们总认为类和种是不变的。虽然自然界明显地处在永恒的运动中，但是这一运动看起来好像是同一过程的不断重复。康德在这个完全适合于形而上学思维方式的观念上打开了第一个突破口，而且用的是很科学的方法，以致他所使用的大多数论据，直到现在还有效。当然，严格地说，康德的学说直到现在还是一个假说。但是哥白尼的宇宙体系直到今天也不过是一个假说，而自从分光镜驳倒一切异议，证明星空有这种炽热的气团以来，科学界对于康德学说的反对沉默下来了。即便是杜林先生，如果没有这种星云阶段，也不能够完成他的宇宙结构，可是他为此进行了报复，他要求给他指出在这种星云状态中存在的力学体系；由于这是办不到的，他就给这种星云状态加上种种轻蔑的形容词。可惜现代科学不能把这种体系说明得使杜林先生满意。对于其他许多问题，它也同样不能回答。对于为什么蛤蟆没有尾巴这个问题，现代科学直到现在只能回答说：因为它们丧失了尾巴。如果有人愿意对这一回答表示愤怒，并且说，这一切都还处于“丧失”这样一个不太好捉摸的观念的混沌模糊之中，而且是非常浮泛的理解，那么我们是不会因为有人把道德这样地运用于自然科学而前进一步的。这种厌恶和恼怒的表示，可以用于任何时候和任何地方，正因为如此，它们在任何时候和任何地方都不中用。究竟是谁妨碍杜林先生自己去探寻原始星云的力学体系呢？

幸而我们现在知道，

康德的星云团“远不和宇宙介质的完全同一的状态相一致，或者换句话说，远不和物质的自身等同的状态相一致”。

对康德来说真正的幸运是，他对于能够从现存的天体追溯到星云球感到满足，他甚至做梦也没有想到物质的自身等同的状态！顺便指出，如果说在现代自然科学中康德的星云球被称为原始星云，那么不言而喻，这应该只是在相对意义上来理解的。它是原始星云，一方面在于它是现存的天体的起源，另一方面在于它是我们迄今所能追溯的最早的物质形式。这完全不排除下述情况，而更应当说是以下述情况为条件：物质在原始星云之前已经经过了其他形式的无限序列。

杜林先生觉察到自己在这里的优势。当我们和科学一起暂时停留在暂时的原始星云阶段的时候，杜林先生的科学的科学帮助他更远地回溯到

“宇宙介质的状态，这个状态既不能理解为现代含义上的纯粹静态的，也不能理解为动态的”，

因而是根本不能理解的。

“物质和机械力的统一，我们称之为宇宙介质，是一个可以说是逻辑上真实的公式，可以用来表明物质的自身等同的状态，即一切可以计数的发展阶段的前提。”

我们显然还远没有摆脱物质的自身等同的原始状态。它在这里被称为物质和机械力的统一，而这个统一又是逻辑上真实的公式，

等等。所以，物质和机械力的统一一旦终止，运动就开始了。

这个逻辑上真实的公式无非是一种想让黑格尔的自在和自为范畴为现实哲学效劳的拙劣企图。在黑格尔那里，自在包含隐藏在某种事物、某种过程或某种概念中的尚未展开的对立所具有的原始同一性；而在自为中，这些隐藏的要素的区别和分离显现出来了，它们的抗争开始了。这样，我们应当把不动的原始状态理解为物质和机械力的统一，而把向运动的转化理解为这两者的分离和对立。我们由此得到的，不是幻想的原始状态的实在性的证明，而只是这样一点：这种状态可以归入黑格尔的自在范畴，而这一状态的同样是幻想的终止可以归入自为范畴。黑格尔来帮忙呀！

杜林先生说，物质是一切现实的东西的载体；因此，在物质以外不可能有任何机械力。其次，机械力是物质的一种状态。在什么都不发生的原始状态中，物质及其状态即机械力是统一的。以后，当有点什么东西开始发生的时候，这种状态显然就应当和物质有区别了。所以，我们应当容忍用来搪塞我们的这样一些神秘的词句和这样的保证：自身等同的状态既不是静态的，也不是动态的，既不处在平衡中，也不处在运动中。可是我们仍然不知道，在那种状态下，机械力在什么地方，我们如果没有外来的推动，就是说没有上帝，怎样才能从绝对的不动转到运动。

在杜林先生之前，唯物主义者已经谈到了物质和运动。杜林先生把运动归结为机械力这样一种所谓的运动的基本形式，这就使他不可能理解物质和运动之间的真实联系，顺便说一下，这种联系对先前的一切唯物主义者来说也是不清楚的。可是事情是十分简单的。**运动是物质的存在方式**。无论何时何地，都没有也不可能有没有运动的物质。宇宙空间中的运动，各个天体上较小的物体的机械运动，表现为热或者表现为电流或磁流的分子振动，化学的分解和化合，有机生命——宇宙中的每一个物质原子在每一瞬间都处在一种或另一种上述运动形式中，或者同时处在数种上述运动形式中。任何静止、任何平衡都只是相对的，只有对这种或那种特定的运动形式来说才是有意义的。例如，某一物体在地球上可以处于机械的平衡，即处于力学意义上的静止；这决不妨碍这一物体参加地球的运动和整个太阳系的运动，同样也不妨碍它的最小的物理粒子实现由它的温度所造成的振动，也不妨碍它的物质原子经历化学的过程。没有运动的物质和没有物质的运动一样，是不可想象的。因此，运动和物质本身一样，是既不能创造也不能消灭的；正如比较早的哲学（笛卡儿）所说的：存在于宇宙中的运动的量永远是一样的。因此，运动不能创造，只能转移。如果运动从一个物体转移到另一个物体，如果它是自己转移的，是主动的，那么就可以把它看做是被转移的、被动的运动的原因。我们把这种主动的运动叫做力，把被动的运动叫做**力的表现**。因此非常明显，力和力的表现是一样大的，因为在它们两者中，实现的是**同一的**运动。

可见，物质的没有运动的状态，是最空洞的和最荒唐的观念之一，是纯粹的"热昏的胡话"。要得出这种观念，必须把地球上某一物体所能有的相对的机械平衡想象为绝对的静止，然后再把它转移到整个宇宙。如果把普遍的运动归结为单纯的机械力，那么，这样做的确是容易的。把运动局限于单纯的机械力，还有一种好处，这就是可以把力设想为静止的、受束缚的，因而是在一瞬间不起作用的。如果像经常发生的那样，运动的转移成为一个包含各种中间环节的比较复杂的过程，那么，真正的转移就可能因为放过链条中的最后一个环节而被推延到任何时候。例如，把枪装上弹药以后，人们自己可以掌握扣扳机射击的时刻，即由于火药燃烧而释放出来的运动实现转移的时刻。因此可以设想，在没有运动的、自身等同的状态下物质是装满了力的，看来杜林先生就是把这一情况理解为——如果他毕竟还有所理解的话——物质和机械力的统一。这种观念是荒谬的，因为它把按本性来说是相对的、因而在同一时间始终只能适用于**一部分**物质的那种状态，当做绝对的状态转移到宇宙。但是，即使我们把这一点撇开不管，困难毕竟还存在：第一，宇宙是怎样装满力的呢，因为在今天，枪是不会自动装上弹药的；第二，后来是谁的手指扣扳机呢？我们可以任意转过来倒过去，而在杜林先生的指导下，我们总是又回到——上帝的手指。

我们的现实哲学家从天文学转到力学和物理学，并且叹息道，力学的热理论在被发现以来的一个世代中，本质上并没有超过罗伯特·迈尔使这一理论本身逐渐取得的成就。此外，一切都还非常昏暗不清：

> 我们应该“经常记住，与物质的运动状态同时存在的，还有静止的状况，后者是不能由机械功来计量的……如果我们以前把自然界称为伟大的做功者，而现在严格地采用这个术语，那么，我们还应当补充说，自身等同的状态和静止的状况并不代表机械功。这样，我们又失去了从静到动的桥；如果所谓的潜热直到现在对理论来说仍然是一个障碍，那么，我们在这里也应当承认有缺陷，至少在应用于宇宙时，不要否认这种缺陷”。

所有这些神谕式的空话，无非又是内心有愧的流露，他明明觉得，他所说的从绝对不动中产生出运动这个问题使他陷入不能自拔的境地，可是又不好意思去求助于唯一的救主，即天和地的创造者。既然在包括热的力学在内的力学中也都不能找到从静到动、从平衡到运动的桥，那么，杜林先生为什么一定要找出从他的没有运动的状态到运动的桥呢？这样也许他就可以幸运地摆脱困境了。

在通常的力学中，从静到动的桥是外来的推动。如果把 50 公斤重的石头举到 10 米高，悬空而挂，使它处在自身等同的状态和静止的状况中，那么，除非观众是吃奶的孩子，才能对他们说，这一物体现在的位置并不代表机械功，或者说，它和原先的位置的距离不能由机械功来计量。每一个过路人都可以毫不费力地向杜林先生说明，石头不是自动升到绳子上去的，而且任何一本力学手册都可以告诉他，如果他让这块石头重新落下来，那么它在落下时所做的机械功，正和把它举高 10 米需要做的机械功一样多。甚至石头悬空而挂这一最简单的事实已经代表一种机械功，因为如果它挂得太久，绳子就会由于化学分解作用，强度不再能承受石头的重量而拉断。但是，一切机械过程都可以归结为——用杜林先生的话来说——这种简单的基本形式；还不曾有过这样的工程师，他在拥有足够的推动力时还找不到从静到动的桥。

运动应当以它的对立面即静止作为自己的量度，这对于我们的这位形而上学者来说当然是一道难题和一服苦药。这确实是一个明显的矛盾，而任何**矛盾**在杜林先生看来都是**背理**。但是这毕竟是事实：悬挂着的石头代表机械运动的一定的量，这个机械运动的量可以根据石头的重量及其与地面的距离确切地计量，可以通过各种方法——例如垂直落下，从斜面滚下，绕轴旋转——随意加以利用；而装上了弹药的枪的情况也是这样。从辩证的观点看来，运动可以通过它的对立面即静止表现出来，这根本不是什么困难。从辩证的观点看来，这全部对立，正如我们已经看到的，都只是相对的；绝对的静止、无条件的平衡是不存在的。个别的运动趋向平衡，总的运动又破坏平衡。因此，出现静止和平衡，这是有限制的运动的结果，不言而喻，这种运动可以用自己的结果来计量，可以用自己的结果来表现，并且通过某种形式从自己的结果中重新得出来。但是对问题作这样简单的说明，杜林先生是不满意的。作为地道的形而上学者，他先在运动和平衡之间挖一条实际上并不存在的鸿沟，然后因不能找到跨过自己挖的这条鸿沟的桥而表示惊奇。他同样可以骑上他那匹形而上学的洛西南特去追逐康德的“自在之物”；因为归根到底隐藏在这座难以理解的桥下面的，无非就是这种“自在之物”。

但是，力学的热理论以及对这种理论说来“仍然是一个障碍”的受束缚的热或潜热，究竟是怎么一回事呢？

如果把处于冰点的 1 磅冰在标准气压下加热变成具有同样温度的 1 磅水，那么，所消失的热量就足够把同 1 磅水从 0℃加热到 79.4℃，或者使 79.4 磅水的温度上升 1℃。如果把这 1 磅水加热到沸点，即 100℃，再使它变成 100℃的蒸汽，那么，当最后一滴水变成蒸汽的时候，所消失的几乎是 7 倍的热量，足够使 537.2 磅的水的温度上升 1℃。这种消失了的热就叫做**受束缚的热**。如果通过冷却，蒸汽重新变成水，水重新变成冰，那么以前受束缚的同一热量又**释放出来**，就是说，作为热被感觉到，被计量出来。在蒸汽凝结成水，以及水结成冰的时候，热的散发正是蒸汽冷却到 100℃时才逐渐变成水，以及处于冰点的一定量的水只是很慢才变成冰的原因。这都是事实。现在的问题是：热在受束缚的时候究竟是怎样的呢？

力学的热理论——按照这种学说，热就是物体的那些进行物理活动的最小粒子（分子）按照温度和聚集状态而发生的或大或小的振动，这种振动在一定条件下能够变为任何其他的运动形式——把这个问题解释为消失的热已经做了功，已经转变为功。在冰溶化时，各个分子之间的紧密的牢固的结合破坏了，并且变成松弛的并列；当沸点的水汽化时，就出现这样的状态：各个分子相互间没有任何显著的影响，而且在热的作用下，甚至往各个方向飞散。显然，物体的各个分子在气体状态下所具有的能，比在液体状态下大得多，而在液体状态下所具有的能又比在固体状态下大。可见，受束缚的热并没有消失，它只是转变了，采取了分子张力的形式。各个分子能够相互保持这种绝对的或相对的自由的条件一旦不存在，就是说，温度一旦降到最低限度即 100℃或 0℃以下，这种张力就松弛了，各个分子又用它们过去相互离散时所用的同样的力重新相互集结起来；于是这种力就消失了，但只是重新作为热表现出来，而且热量恰恰同它以前受束缚的时候一样大。这种解释和整个力学的热理论一样，自然是一种假说，因为直到现在谁也没有看见过分子，更不要说振动着的分子了。正因为如此，它和还很年轻的整个理论一样，肯定有不少缺点，但是它至少能够解释这个过程，而同运动既不能消灭又不能创造这一点毫不抵触，它甚至还能正确地说明热在转变时存在于什么地方。因此，潜热或受束缚的热对力学的热理论来说决不是障碍。相反，这一理论第一次提供了对上述过程的合理的解释，而能够成为障碍的，至多是物理学家继续用“受束缚的热”这个过时的和已经不恰当的用语来称呼已经变为另一种形式的分子能的热。

所以，就机械功是热的量度这一点而言，固体聚集状态、液体聚集状态和气体聚集状态这三者的自身等同状态和静止状况，的确是代表机械功的。坚硬的地壳和海水一样，在现在的聚集状态下，代表十分确定的数量的散发了的热，这种热量不言而喻是和同样确定的数量的机械力相对应的。在地球所由产生的气团变成液体聚集状态，往后再大部分变成固体聚集状态的过程中，一定数量的分子能转变成热并放射于宇宙空间。因此，杜林先生神秘地窃窃私议的所谓困难是不存在的，甚至在应用于宇宙的时候，我们固然会遇到缺点和缺陷（这归咎于我们的不完备的认识工具），但是在任何地方都不会遇到理论上不能克服的障碍。从静到动的桥在这里也是外来的推动——对处于平衡的对象发生作用的其他物体所引起的冷却和加热。我们越是深入探究杜林的这种自然哲学，越是觉得，想说明运动从不动中产生，或者想找到一座桥，使纯粹的静态、静止通过它而**自行**转入动态、转入运动的一切尝试，是不可能实现的。

这样，我们总算幸运地暂时摆脱了自身等同的原始状态。杜林先生转到了化学，并且趁此机会向我们指出了到目前为止现实哲学所获得的自然界的三个不变律，这就是：

1. 一般物质的量，2. 单纯的（化学的）元素的量，3. 机械力的量，都是不变的。

可见，物质既不能创造又不能消灭，物质的单纯组成部分（由于物质是由它们构成的）既不能创造又不能消灭，以及运动既不能创造又不能消灭——这些表述得根本不能令人满意的陈旧的、举世皆知的事实，就是杜林先生能够作为他的无机界自然哲学的成果提供给我们的唯一真正积极的东西。所有这些东西是我们早已知道的。不过我们所不知道的是：这是“不变律”，而且作为不变律来说，是“事物体系的模式属性”。我们又看到了前面在讲到康德时的同样的情形：杜林先生搬出了某个尽人皆知的货色，贴上杜林的标签，而称之为：“完全独特的结论和观点……创造体系的思想……根底深厚的科学”。

可是我们丝毫不必因此而感到绝望。无论根底最深厚的科学和最好的社会组织具有怎样的缺陷，有一点杜林先生是可以说得十分肯定的：

“宇宙中现有的黄金任何时候都必定是同一数量的，而且和一般物质一样，既不能增加，也不能减少。”

可惜杜林先生没有说，我们用这种“现有的黄金”可以买到些什么。

七 自然哲学。有机界

“从压力和碰撞的力学到感觉和思维的结合，存在着一个由各中间梯级构成的统一的和唯一的阶梯。”

凭着这样的断言，杜林先生就避开对生命的起源作稍稍进一步的说明了，虽然对一位曾经追溯宇宙的发展直至自身等同的状态并且感到在其他天体上就像在自己家里一样的思想家，是可以期望他也确切地了解这方面的情况的。此外，如果没有前面提到的黑格尔的度量关系的关节线作为补充，杜林先生的这个断言也只有一半是对的。尽管会有种种渐进性，但是从一种运动形式转变到另一种运动形式，总是一种飞跃，一种决定性的转折。从天体力学转变到个别天体上较小物体的力学是如此，从物体力学转变到分子力学——包括本来意义上的物理学所研究的热、光、电、磁这些运动——也是如此。从分子物理学转变到原子物理学——化学，同样也是通过决定性的飞跃完成的；从普通的化学作用转变到我们称之为生命的蛋白质的化学机理，更是如此。在生命的范围内，飞跃往后就变得越来越稀少和不显著。——这样又要黑格尔来纠正杜林先生了。

目的概念帮助杜林先生在概念上转到有机界。这又是从黑格尔那里抄来的，黑格尔在《逻辑学》中——在概念论中——借助于目的论或关于目的的学说从化学机理转到了生命。在杜林先生那里，无论往哪里看，总是碰到某种黑格尔的“粗制品”，而他却毫不难为情地拿它冒充他自己的根底深厚的科学。在这里去研究目的和手段的观念运用于有机界究竟会正确和适用到什么程度，那就走得太远了。无论如何，甚至运用黑格尔的“内在的目的”——即不是被一个有意识地行动着的第三者（如上帝的智慧）纳入自然界，而是存在于事物本身的必然性中的目的——也经常使得那些缺少哲学素养的人不加思考地把自觉的和有意识的行动加给自然界。这位杜林先生在别人表现出一点点"降神术"倾向的时候表示无比的义愤，可是他本人却"明确地"断言：

"本能的感觉主要是为了获得与它们的活动密不可分的满足而被创造出来的"。

他告诉我们：

可怜的自然界"不得不经常地一再地维持对象世界的秩序"，同时它要处理的还不止这样一件事："要求自然界具有比通常所承认的更大的纤巧性"。但是自然界不仅知道它为什么创造这个或那个东西，它不仅要做家庭女仆的工作，它不仅具有纤巧性——这本身已经是主观的自觉的思维中的十分美好的东西，它也具有意志；因为，本能的附加物（本能附带地执行现实的自然机能，即喂养、繁殖等等）"我们应当视为不是直接而只是间接企求的东西"。

这样，我们就到达了一个自觉地思维和行动的自然界，因而已经站在一座不是从静到动，而是从泛神论到自然神论的"桥"上。也许杜林先生想稍微从事一下"自然哲学的半诗"？

这是不可能的。关于有机界，我们的现实哲学家所能告诉我们的一切，只限于反对这种自然哲学的半诗、反对"具有轻浮的表面性和所谓科学的神秘化的江湖骗术"、反对**达尔文主义**的"诗化的特征"的斗争。

首先受到责备的是达尔文，说他把马尔萨斯的人口论从经济学搬进自然科学，说他拘泥于牲畜饲养者的观念，说他用生存斗争来从事不科学的半诗，说整个达尔文主义除了从拉马克那里抄来的东西以外，只是一种与人性对抗的兽性。

达尔文从他的科学旅行中带回来这样一个见解：植物和动物的种不是固定的，而是变化的。为了在家乡进一步探索这一思想，除了动物和植物的人工培育以外，他再没有更好的观察场所了。恰恰在这方面英国是典型的国家；其他国家例如德国的成就，同英国在这方面所取得的成就远不能相比。此外，大部分成果是在最近一个世纪获得的，所以要确定事实是没有多大困难的。当时达尔文发现，这种培育工作在同种的动物和植物中人工造成的区别，比那些公认为异种的动物和植物的区别还要大些。这样，一方面，物种在一定程度上的变异性得到了证实，另一方面，具有异种特征的有机体可能有共同的祖先这一点也得到了证实。于是达尔文又研究了自然界中是否存在这样的原因：它们没有培育者的自觉意图，经过很长时间，会在活的有机体中造成类似人工培育所造成的变异。他发现这些原因就在于自然界所产生的胚胎的惊人数量和真正达到成熟的有机体的微小数量之间的不相称。而由于每一个胚胎都力争发育成长，所以就必然产生生存斗争，这种斗争不仅表现为直接的肉体搏斗或吞噬，而且甚至在植物中还表现为争取空间和阳光的斗争。很明显，在这一斗争中，凡是拥有某种尽管是微不足道的但是有利于生存斗争的个别特质的个体，都最有希望达到成熟和繁殖。这些个别特质因此就有了遗传下去的趋势，如果这些特质在同种的许多个体中发生，那么，它们还会通过累积的遗传按既定的方向加强起来；而没有这种特质的个体就比较容易在生存斗争中死去，并且逐渐消失。物种就这样通过自然选择、通过适者生存而发生变异。

杜林先生反对达尔文的这个理论，他说：正如达尔文本人所承认的，生存斗争观念的起源，应当到国民经济学上的人口理论家马尔萨斯的观点的普遍化中去寻找，所以这个理论也就具有关于人口过剩问题的马尔萨斯牧师的观点所固有的一切缺陷。——其实达尔文根本没有想到要说生存斗争观念的**起源**应当到马尔萨斯那里去寻找。他只是说：他的生存斗争理论是应用于整个动物界和植物界的马尔萨斯理论。不论达尔文由于天真地盲目地接受马尔萨斯学说而犯了多大的错误，任何人一眼就能看出：人们不需要戴上马尔萨斯的眼镜就可以看到自然界中的生存斗争，看到自然界白白地产生的无数胚胎同能够达到成熟程度的少量胚胎之间的矛盾；这种矛盾事实上绝大部分是在生存斗争中，而且有时是在极端残酷的生存斗争中解决的。正如李嘉图用来证明工资规律的马尔萨斯论据早已无声无息以后，工资规律还依旧保持自己的效力一样，生存斗争也可以没有任何马尔萨斯的解释而依旧在自然界中进行。此外，自然界中的有机体也有自己的人口规律，不过这种规律迄今几乎完全没有被研究过，而证实这种规律，一定会对物种进化的理论有决定性的意义。是谁也在这方面给了决定性的推动呢？不是别人，正是达尔文。

杜林先生小心翼翼地避免探讨问题的这个积极的方面。不探讨这个方面，生存斗争就必然会一再遭到非难。据他说，在没有意识的植物中和在驯顺的食草动物中根本谈不上什么生存斗争：

“按照确切的意义说来，在兽类中，只有在通过抢夺和吞噬来获取食物时，才有生存斗争”。

他把生存斗争这个概念限制在这样一个狭窄的范围以后，就可以对这个被他自己限制在兽类中的概念的兽性任意发泄他的满腔愤怒了。但是这种义愤只能针对杜林先生本人发出，他正是这种被作了限制的生存斗争的唯一炮制者，所以也只能由他对此负责。因此，不是达尔文“在野兽中寻找自然界一切活动的规律和理解”，——达尔文恰恰把全部有机界包括在这个斗争中了，而是杜林先生自己制造的幻想妖怪在寻找这些东西。此外，生存斗争这个**名称**尽可以作为杜林先生的高尚义愤的牺牲品。至于这种**事实**在植物中也存在，关于这一点，每块草地、每块谷田、每片树林都可以向他证明，而且问题不在于名称，不在于叫做“生存斗争”或者叫做“生存条件的缺乏和机械作用”，而在于这一事实如何影响物种的保存或变异。关于这个问题，杜林先生始终固执地保持沉默。因此，在自然选择方面，暂时还得任其一切照旧。

但是，达尔文主义“从虚无中得出自己的变化和差异”。

当然，达尔文在说到自然选择时，并没有考虑到引起单个个体变异的**原因**，他首先说明这种个体的偏离怎样逐渐成为一个品种、变种或种的特征。在达尔文看来，问题首先与其说是在于找出这些原因——这些原因直到现在有一部分还完全不知道，有一部分也只能作最一般的陈述——，而宁可说是在于找出一种使它们的作用固定下来并获得久远意义的合理形式。达尔文在这方面夸大自己的发现的作用范围，把这一发现看做物种变异的唯一杠杆，注重个体变异普遍化的形式而忽视重复出现的个体变异的原因，这是一个缺点，是达尔文和大多数真正有所建树的人共有的缺点。此外，如果说达尔文从虚无中得出他的个体的变化，并且在这方面仅仅应用“培育者的智慧”，那么培育者也必定同样是**从虚无中**得出动植物形态的不仅是想象的而且是现实的变化的。但是，对这些变化和差异究竟从何而来这一问题的研究给予推动的，又不是别人，正是达尔文。

最近，特别是通过海克尔，自然选择的观念扩大了，物种变异被看做适应和遗传相互作用的结果，在这里适应被认为是过程中引起变异的方面，遗传被认为是过程中起保存作用的方面。甚至这一点杜林先生也感到不中意。

“对自然界所赋予的或者所剥夺的生活条件的真正适应，要以受观念支配的推动力和活动为前提。否则，适应只是一种假象，而在这种情况下起作用的因果性并没有超越物理学的、化学的和植物生理学的东西的低级阶段。”

又是名称使杜林先生恼怒了。但是，无论他怎样称呼这个过程，在这里，问题只在于这样的过程是否引起有机体的种的变异？杜林先生再一次不作任何答复。

“如果某种植物在它的生长中采取它能够得到最大量阳光的途径，那么这种刺激作用只不过是物理力和化学动因的结合；如果有人在这里不是作为比喻而是根据文字本义来谈适应，那么这一定会把降神术的紊乱带到概念中去。”

这个人对别人是如此严格，而他本人竟十分确切地知道自然界是按照谁的**意志**做这件事或那件事，竟去谈论自然界的**纤巧性**，甚至还谈到自然界的**意志**！确实是降神术的紊乱，然而是在哪里？在海克尔那里呢，还是在杜林先生那里？

不仅是降神术的紊乱，而且也是逻辑上的紊乱。我们已经看到，杜林先生竭尽全力让目的这一概念在自然界中起作用：

“手段和目的之间的关系，决不是以自觉的意图为前提的。”

但是，他如此激烈反对的那种没有自觉意图、没有观念中介的适应，如果不是一种不自觉的有目的活动，又是什么呢？

因此，如果雨蛙和食叶昆虫是绿色的，沙漠中的动物是沙黄色的，两极的动物主要是雪白色的，那么它们肯定不是有意识地或按照某种观念获得这些颜色的；相反，这些颜色只能从物理力和化学动因来说明。但是总不能否认，这些动物正是由于那些颜色才能合目的地**适应**它们所生存的环境，而且正因为如此，它们才变得不易被自己的敌人发现。同样，某些植物用来捕捉和吞噬落在它们身上的昆虫的那些器官，对这种活动是适应的，甚至是合目的地适应的。因此，如果杜林先生坚持说，适应必须通过观念的中介，那么他只是用别的话来说：有目的的活动同样必须通过观念的中介，必须是有意识的、自觉的。于是，像在现实哲学中通常遇到的情况那样，我们又来到有目的地活动的造物主那里，来到上帝那里了。

“以前，这样一种解释被称为自然神论，而且是不被重视的〈据杜林先生说〉；可是现在，看来在这方面人们又往后倒退了。”

我们从适应转到遗传。根据杜林先生的意见，达尔文主义在这里也完全走上了歧途。据说达尔文断定，整个有机界起源于一个原始生物，也可以说它是一个唯一的生物的后代。似乎在达尔文看来，根本就不存在没有亲缘关系的同种自然产物的独立并存；所以在他那里一旦生殖或其他繁殖方法的线索中断，他就不得不立刻和他那追溯既往的观点一起陷入绝境。

断定达尔文认为一切现存有机体起源于一个原始生物，说得客气点，这是杜林先生“本身的自由创造物和想象物”。达尔文在《物种起源》第6版倒数第2页上说得很清楚，他认为

“一切生物都不是特殊的创造物，而是少数几种生物的直系后代”。

海克尔更大大前进了，他假定：

“植物界有一个完全独立的品系，动物界则有另一个品系”，而在二者之间，“还有若干独立的原生生物品系，它们中间的每一个品系都完全独立于上述二者而从一个独特的自生的胶液原生物形态发展出来。”（《自然创造史》第 397 页）

杜林先生发明这个原始生物，只是为了通过把它同原始犹太人亚当对比而尽可能地加以丑化；可是对他即杜林先生来说，不幸的是他一直不知道，由于斯密斯在亚述的发现，这个原始犹太人原来是原始闪米特人，而圣经上有关创世和洪水的全部故事，都被证实是犹太人同巴比伦人、迦勒底人和亚述人所共有的古代异教徒宗教传说的一部分。

在达尔文那里，一旦亲缘关系的线索中断，他就立刻陷入绝境，这的确是对达尔文的一个严厉的但无可辩驳的指责。可惜我们的全部自然科学都应当受到这样的指责。在自然科学那里，一旦亲缘关系的线索中断，它就陷入“绝境”。直到现在，除了由生物繁殖，自然科学还不能制造出生物，甚至还不能从化学元素制造出简单的原生质或其他蛋白体。因此，关于生命的起源，自然科学到目前为止能明确地断定的只是：生命的起源必然是通过化学的途径实现的。但是，现实哲学也许能够在这里助一臂之力，因为它拥有彼此没有亲缘关系的独立并存的自然产物。这些产物是怎样产生的呢？是通过自然发生而产生的吗？但是到目前为止，甚至自然发生说的最大胆的代表也不过是主张用这种方法来产生细菌、菌类孢子以及其他非常原始的有机体，而没有提到昆虫、鱼类、鸟类和哺乳动物。如果这些同种的自然产物——当然是有机物，因为这里讲的只是有机物——相互间没有亲缘的联系，那么一旦“亲缘关系的线索中断”，它们或者它们的每个祖先就只能靠造物主的单独行动而出现于世界。于是又回到了造物主和所谓的自然神论那里。

其次，杜林先生认为，达尔文非常肤浅的地方是：

“把特性的有性组合的单纯行为当做产生这些特性的基本原则”。

这又是我们这位根底深厚的哲学家的自由创造物和想象物。相反，达尔文说得很明确：自然选择这个用语只包括变异的**保存**而不包括变异的产生（第 63 页）。但是，把达尔文从来没有说过的东西硬加给他，这种新的手法却能帮助我们去接受杜林的下述深刻见解：

“如果在生殖的内在模式中找出某种独立变异的原则，那么这种思想会是完全合理的，因为，把普遍发生原则和有性繁殖原则结合成一个统一体，并且从更高的观点出发，把所谓的自然发生不是看做再生产的绝对对立物，而正是看做一种生产，这是很自然的思想。”

能够写出这种胡言乱语的人，居然还有脸去责备黑格尔的“行话”！

杜林先生对自然科学依仗达尔文学说的推动而取得的巨大进展怒不可遏，他用来表示这种愤怒的令人厌烦的矛盾百出的唠叨和怨言已经够多的了。无论是达尔文还是他在自然科学家中间的追随者，都没有想到要用某种方法来缩小拉马克的伟大功绩；而且正是他们最先重新推崇他。可是我们不应该忽视，在拉马克时代，科学还远没有掌握充分的材料，还不能对物种起源的问题作出并非预先推定的即所谓预言式的回答。不过，从拉马克那时以来，在从事搜集或解剖的植物学和动物学领域内积累了大量的材料，此外还出现了在这方面具有决定性重要意义的两门崭新的科学：对植物和动物的胚胎发育的研究（胚胎学），对地球表面各个地层内所保存的有机体遗骸的研究（古生物学）。于是发现，有机体的胚胎向成熟的有机体的逐步发育同地球历史上相继出现的植物和动物的次序之间有特殊的吻合。正是这种吻合为进化论提供了最可靠的根据。但是进化论本身还很年轻，所以，毫无疑问，进一步的探讨将会大大修正现在的、包括严格达尔文主义的关于物种进化过程的观念。

但是关于有机生命的进化，现实哲学能有什么积极的东西可以告诉我们呢？

"……物种的变异性是一个可以接受的假定"。但是，"没有亲缘关系的同种自然产物的独立并存"也同样有效。

据此就应当这样认为，异种的自然产物，即变异着的物种，是一个传自另一个的，而同种的就不是这样。可是并不完全如此，因为就是对变异着的物种来说，

"亲缘关系，相反，也不过是自然界的极其次要的行为"。

这毕竟说的是亲缘关系，尽管是"次要的"。我们高兴的是，杜林先生在对亲缘关系说了那么多坏话和糊涂话之后，终于又把它从后门放进来了。对于自然选择也是如此，因为他在对生存斗争——自然选择正是通过它来实现的——发泄了全部义愤之后，突然又说：

"因此，生物的本性的更深刻的根基应该在生活条件和宇宙状况中去寻找，而达尔文所强调的自然选择只能算是次要的。"

这毕竟说的是自然选择，虽然也是次要的；这样，同自然选择一起存在的，还有生存斗争，从而也还有马尔萨斯牧师的人口过剩论！这就是一切，至于其余的，杜林先生指点我们去请教拉马克。

最后，他警告我们不要滥用变态和发育这些字眼。他说，变态是一个不明确的概念，而发育概念，只有在发育规律真正能够得到证实时才是可以允许的。我们如果用“组合”来代替这两个名词，那就会十全十美了。又是老一套：一切照旧，只要我们把名称改变一下，杜林先生就十分满意了。如果我们说小鸡在蛋内的发育，我们就会造成混乱，因为我们只能不充分地证实发育规律。但是如果我们说它的“组合”，那么一切都清楚了。因此，我们今后将不再说这个小孩发育得很好，而说这个小孩组合得极好。我们得恭贺杜林先生，他不仅在高贵的自尊心方面，而且在作为未来的作曲家的资格方面都配得上和《尼贝龙根的指环》的作者平起平坐。

八　自然哲学。有机界（续完）

“请考虑一下……为了给我们的自然哲学部分提供它的一切科学前提，需要有什么样的实证知识。它的基础首先是数学的一切重大成就，其次是力学、物理学和化学的精密知识的主要论断，以及生理学、动物学和类似研究领域的所有自然科学结论。”

杜林先生如此充满信心地和坚决地表明杜林先生在数学和自然科学方面的博学。但是，从这一贫乏的部分本身看不出，而从它的更加贫乏的结论上更看不出这里隐藏着什么根底深厚的实证知识。无论如何，为了编造关于物理学和化学的杜林式的神谕，在物理学上只要知道那表明热的机械当量的方程式，在化学上只要知道一切物体分为元素和元素的化合物就够了。此外，谁能像杜林先生在第131页上所说的那样，说出“有引力作用的原子”，那只是证明：他对于原子和分子的区别，还完全处在“黑暗之中”。大家知道，原子不是说明万有引力或其他机械的或物理的运动形式的，而只是说明化学作用的。如果去阅读关于有机界的那一章，而读到的竟是空洞的、自相矛盾的、在关键问题上神谕般毫无意义的信口胡说，一些绝对无用的最后结论，那就不禁立即会产生一种看法：杜林先生在这里谈论的是他显然不知道的东西。在读到他建议在关于生物的学说（生物学）中今后应当用组合去代替发育的时候，这种看法就令人确信无疑了。谁建议这样做，就证明他对有机体的形成一无所知。

一切有机体，除了最低级的以外，都是由细胞构成的，即由很小的、只有经过高度放大才能看得到的、内部具有细胞核的蛋白质小块构成的。通常，细胞也长有外膜，里面或多或少是液态的。最低级的细胞体是由一个细胞构成的；绝大多数生物都是多细胞的，是集合了许多细胞的复合体，这些细胞在低级有机体中还是同类型的，而在高级有机体中就具有了越来越不同的形式、类别和功能。例如在人体中，骨骼、肌肉、神经、腱、韧带、软骨、皮肤，简言之，所有的组织，不是由细胞组成就是由细胞形成的。但是一切有机的细胞体，从本身是简单的、通常没有外膜而内部具有细胞核的蛋白质小块的变形虫起一直到人，从最小的单细胞的鼓藻起一直到最高度发展的植物，它们的细胞繁殖方法都是共同的：分裂。先是细胞核在中间收缩，这种使核分成两半的收缩越来越厉害，最后这两半分开了，并且形成两个细胞核。同样的过程也在细胞本身中发生，两个核中的每一个都成为细胞质集合的中心点，这个集合体同另一个集合体联结在一起，中间收缩得越来越紧，直到最后分开，并成为两个独立的细胞而继续存在下去。动物的卵在受精以后，其胚泡经这样不断重复的细胞分裂逐步发育成为完全成熟的动物，同样，在已经长成的动物中，对消耗的组织的补充也是这样进行的。把这样的过程叫做组合，而把称这一过程为发育的意见叫做“纯粹的想象”，这种话无疑地只有对这种过程一无所知的人——很难设想现在还会有这样的人——才说得出来；这里的过程恰好**只是**而且确实是不折不扣的发育，而根本不是组合！

关于杜林先生对生命的一般理解，我们以后还要来谈。他对生命的特殊的理解则如下：

“无机界也是一个自我实现的活动的体系；但是只有在真正的分化和物质循环的中介通过起始于一个内在的点的特别管道并且按照一种可向较小形体转移的胚胎模式开始实现时，才能从比较狭窄和比较严格的意义上来谈真正的生命。”

这句话从比较狭窄和比较严格的意义上说来，是一个胡话的自我实现的活动的体系（无论这可能指的是什么），且不说它的混乱得不可救药的语法。如果只有在真正的分化开始时才开始有生命，那么我们就必须宣布海克尔的整个原生生物界是死的，而且根据对分化概念的不同理解，也许还要宣布更多的东西是死的。如果只有在这种分化可以通过一种较小的胚胎模式转移时才开始有生命，那么至少包括单细胞有机体在内的一切有机体都不是有生命的了。如果物质循环通过特别管道的中介是生命的标志，那么除去上面所讲的，我们还必须把全部高等腔肠动物（最多把水母除外），因而把各种珊瑚虫和其他植虫从生物的队伍中勾销。如果认为物质循环通过起始于一个内在的点的特别管道来进行是生命的根本标志，那么我们就必须宣布一切没有心脏的或有几个心脏的动物是死的。要被宣布是死的，除了上面提到的，还要加上各种蠕虫、海星和轮虫（按赫胥黎的分类法是：Annuloida 和 Annulosa），一部分甲壳动物（蟹），最后甚至还要加上一种脊椎动物，即文昌鱼（Amphioxus）；再就是各种植物。

由此可见，杜林先生想从比较狭窄的和严格的意义上来说明真正的生命的标志，结果提出了四个完全互相矛盾的生命标志。其中的一个不仅把整个植物界，而且把大约半个动物界都宣判永久死亡。真的，谁也不能说，当他许下诺言要给我们提供“完全独特的结论和观点”时，他是在欺骗我们！

他在另一个地方说：

“在自然界中，从最低级的到最高级的一切组织，也都是以一个简单的类型为基础的”，这种类型“即使在最不完善的植物的最次要的活动中，也完全可以从它的一般性质上看出来”。

这种论断又“完全”是胡话。人们在整个有机界里所看到的最简单的类型是细胞；它确实是最高级的组织的基础。相反，在最低级的有机体中，还有许多远远低于细胞的东西：原生变形虫，没有任何分化的简单的蛋白质小块，一系列其他胶液原生物和各种管藻（Siphoneen）。它们之所以全都同高级有机体有联系，只是因为它们的基本组成部分是蛋白质，所以它们执行着蛋白质的职能，即生和死。

往下杜林先生对我们说：

“在生理学上，感觉是和某种即使很简单的神经器官的存在相联系的。因此，一切动物形态的特征是能够感觉，就是说，能够从主体方面自觉地理解自己的状态。植物和动物之间的鲜明的界限就在于完成向感觉的飞跃。这一界限不能用众所周知的过渡形态来抹去，相反，它正是由于这些外表上没有确定的或不能确定的形态才被当成逻辑上的需要。”

接着又说：

“反之，植物完全而且永远没有丝毫感觉的痕迹，甚至也没有任何感觉的素质。”

第一，黑格尔说（《自然哲学》第 351 节附释）：

“感觉是动物的种差，即绝对的标记。”

因此，又是黑格尔的一个“粗制品”，它经过杜林先生的生吞活剥，被提升到最后的终极的真理的高贵地位。

第二，我们在这里第一次听到植物和动物之间的过渡形态，外表上没有确定的或不能确定的形态（真是莫名其妙的话！）。这种中间形态是存在的，有些有机体我们简直没法说它们是植物还是动物，因而我们总是不能在植物和动物之间划出鲜明的界限——这使杜林先生觉得在逻辑上需要提出一个区别二者的标志，同时他又承认这个标志并不是无懈可击的！但是我们根本没有必要再回过来谈植物和动物之间的有疑问的领域了；难道那些稍被触动就会卷起叶子或合拢花瓣的敏感植物，那些食虫植物都没有丝毫感觉的痕迹，甚至也没有任何感觉的素质吗？即使是杜林先生，如果他没有“不科学的半诗”，也不能下断语。

第三，杜林先生断言，在生理学上，感觉是和某种即使很简单的神经器官的存在相联系的，这又是他的自由创造物和想象物。不仅所有的原始动物，而且还有植虫，至少是它们中的大多数，并没有显示出神经器官的痕迹。通常只是从蠕虫开始才发现有神经器官，而杜林先生是第一个提出这些动物因为没有神经所以没有感觉这一主张的人。感觉并不必然和神经相联系，但是大概和某种至今还没有确切地弄清楚的蛋白体相联系。

此外，杜林先生的生物学知识从他无所顾忌地向达尔文提出的下述问题得到了充分的说明：

“难道动物是从植物发展出来的吗？”

只有对动物和植物都一无所知的人才会提出这样的问题。

关于一般的生命，杜林先生能告诉我们的只是：

“通过起塑造作用的模式化〈这究竟是什么玩意儿？〉而进行的新陈代谢，总是真正的生命过程独具的特性。”

这就是我们所听到的有关生命的一切，这里，在碰到“起塑造作用的模式化”时，我们又深深地陷入了毫无意义的莫名其妙的最纯粹的杜林行话。所以，如果我们想要知道什么是生命，我们就必须自己去作更进一步的考察。

近 30 年来，生理化学家和化学生理学家已经无数次地说过，有机体的新陈代谢是生命的最一般的和最显著的现象，而在这里杜林先生把这话干脆翻译成他自己的优雅而清晰的语句。但是，如果规定生命就是有机体的新陈代谢，这就等于规定生命就是生命；因为有机体的新陈代谢，或通过起塑造作用的模式化而进行的新陈代谢，正是本身又需要用生命来解释、需要用有机体和非有机体的区别即生物和非生物的区别来解释的说法。所以这种解释并没有使我们前进一步。

新陈代谢本身即使没有生命也可以发生。在化学中有一系列过程，这些过程只要有充分的原料供应，就能不断地重新产生它们自身的条件，而且在这里有一个确定的物体作为过程的体现者。在通过硫的燃烧制造硫酸时的情况就是这样。硫燃烧产生二氧化硫（SO_2），加上水蒸气和硝酸，二氧化硫就吸收氢和氧而变成硫酸

(H_2SO_4)。这时，硝酸放出氧而还原成氧化氮，这氧化氮立刻又从空气中吸收新的氧，变成氮的高价氧化物，但是立即又把这氧放出给二氧化硫，并重新进行这样的过程，所以在理论上只要极少量的硝酸，就足够使无限数量的二氧化硫、氧和水变成硫酸。——其次，在液体通过死的有机的膜甚至通过无机的膜渗透的时候，也像在特劳白的人造细胞中一样发生新陈代谢。这又一次说明，新陈代谢并没有使我们前进一步，因为用来解释生命的那种独特的新陈代谢本身又需要用生命来解释。因此，我们必须另寻出路。

生命是蛋白体的存在方式，这种存在方式本质上就在于这些蛋白体的化学成分的不断的自我更新。

在这里，蛋白体是按照现代化学的意义来理解的，现代化学把所有在构成上类似普通蛋白或者也称为蛋白质的东西都包括在蛋白体这一名称之内。这个名称是不恰当的，因为普通蛋白在一切和它相近的物质中，是起着最没有生命的、最被动的作用的，它和蛋黄一起仅仅是胚胎发育的养料。但是，当人们对蛋白体的化学构成还知之甚少的时候，这个名称总比一切其他名称好些，因为它更有概括性。

无论在什么地方，只要我们遇到生命，我们就发现生命是和某种蛋白体相联系的，而且无论在什么地方，只要我们遇到不处于分解过程中的蛋白体，我们也无例外地发现生命现象。毫无疑问，在生物体中，必然还有其他化合物会引起这些生命现象的特殊分化；对于单纯的生命，这些化合物并不是必要的，除非它们作为食物进入生物体并变成蛋白质。我们所知道的最低级的生物，只不过是简单的蛋白质小块，可是它们已经显示出所有最主要的生命现象。

但是一切生物普遍共有的这些生命现象究竟表现在什么地方呢？首先表现在：蛋白体从自己周围摄取其他有用的物质，把它们同化，而体内其他比较老的部分则分解并且被排泄掉。其他无生命物体在自然过程中也发生变化、分解或结合，可是这样一来它们就不再是以前那样的东西了。岩石经过风化就不再是岩石；金属氧化后就变成锈。可是，在无生命物体中成为瓦解原因的东西，在蛋白质中却是**生存的基本条件**。蛋白体内各成分的这种不断转化，摄食和排泄的这种不断交替一旦停止，蛋白体本身就立即停止生存，发生分解，即**死亡**。因此，生命，蛋白体的存在方式，首先在于：蛋白体在每一瞬间既是它自身，同时又是别的东西；这种情况不是像在无生命物体那里所发生的情况那样，是由某种从外面造成的过程所引起的。相反，生命，即通过摄食和排泄来实现的新陈代谢，是一种自我完成的过程，这种过程是它的体现者——蛋白质所固有的、生来就具备的，没有这种过程，蛋白质就不能存在。由此可见，如果化学有一天能够人工制造蛋白质，那么这样的蛋白质就一定会显示出生命现象，即使这种生命现象可能还很微弱。当然，化学是否能同时为这种蛋白质发现适合的食物，这还是一个问题。

从蛋白质的主要机能——通过摄食和排泄来进行的新陈代谢中，从蛋白质所特有的可塑性中，可以导出所有其他最简单的生命要素：刺激感应性——它已经包含在蛋白质和它的养料的相互作用中；收缩性——它已经在非常低级的阶段上表现于食物的吸取中；成长的能力——它在最低级的阶段上包含通过分裂的繁殖；内在的运动——没有这种运动，养料的吸取和同化都是不可能的。

我们的生命定义当然是很不充分的，因为它远没有包括**一切**生命现象，而只是限于最一般的和最简单的生命现象。在科学上，一切定义都只有微小的价值。要想真正详尽地知道什么是生命，我们就必须探究生命的一切表现形式，从最低级的直到最高级的。可是对日常的应用来说，这样的定义是非常适用的，在有些地方简直是不能缺少的；只要我们不忘记它们的不可避免的缺点，它们也没有什么害处。

还是回到杜林先生那里去吧。如果说，他在地球上的生物学领域中遭遇有点不妙，那么，他是知道怎样自慰的，他遁入自己的星空。

“不仅感觉器官的特殊结构，而且整个客观世界，都是为了唤起快乐和痛苦而安排的。根据这一点，我们认为快乐和痛苦的对立——而且恰恰是以我们所熟悉的方式表现的——是一种普遍的对立，而且在宇宙的不同的世界中必然是由本质上一样的感情来表现……但是这样的一致具有不小的意义，因为它是打开感觉宇宙的钥匙……因此，对我们说来，主观的宇宙世界并不比客观的宇宙世界更陌生。对这两个领域的构造应当按一致的型式去思考，这样我们就获得一种超出单纯地球上的有效范围的意识学的入门知识。”

对一个在口袋里藏着打开感觉宇宙的钥匙的人来说，在地球上的自然科学中犯几个大错误，有什么关系呢？算啦！

第一章 《反杜林论》的由来

以英国工业革命和法国大革命为标志，新兴资产阶级把人类社会带入了现代文明的发展阶段。与封闭的封建等级制度相比，资本主义社会无疑是一个巨大的进步。但由于其内在的根本矛盾使然，资本主义社会远非完美，更非理想。因此，自资本主义诞生之日起，理论上对现代文明的反思和对资产阶级的批判，始终就没有停息过。问题的关键在于，要使对资本主义的超越真正成为现实，仅仅揭露资本主义的矛盾和各种阴暗面，是远远不够的。必须要从理论上彻底认清现代资本主义的本质特征，把社会主义从空想变为科学，并切实转化为无产阶级的解放实践。同其他马克思主义经典著作一样，恩格斯的《反杜林论》的应运而生，不仅反映了时代发展的客观需要，而且作为无产阶级争取自身解放和人类解放的思想指南和理论武器，与共产主义革命运动的实践紧密联系在一起。

一般来说，《反杜林论》的诞生，在马克思主义的发展史和传播史上，具有里程碑式的重要意义。《反杜林论》第一次全面地、系统地阐述了马克思主义的三个组成部分及其内在联系，即哲学、政治经济学和科学社会主义，因而被誉为“马克思主义的百科全书”。在阐发马克思主义的过程中，《反杜林论》把马克思主义作为活的方法、原则和精神来把握与理解，以此为基础，确立了第一个完整的马克思主义理论体系。这个科学的理论体系，既不是从抽象的原则出发，也不是给人们提供什么绝对永恒的教条、公式，而是紧紧围绕科学社会主义及其发展，来阐述马克思主义的思想精髓，又通过彻底贯彻这种思想精髓来紧扣共产主义运动的实际发展。通过对杜林主义的批判，《反杜林论》第一次系统、明确而又深入浅出地把马克思主义呈现在世人面前，不仅把国际共产主义运动重新拉回到了马克思主义的正确方向和轨道上来，而且极大地教育了广大党员和工人阶级群众，加速了革命者对马克思主义的吸收、消化、理解以及转化为行动指南。这为共产主义革命事业的健康发展提供了坚实的思想支持和理论支撑。马克思在 1877 年对恩格斯工作的积极意义给予了高度评价。他指出，不仅普通工人，“而且真正有科学知识的人，都能从恩格斯的正面阐述中汲取许多东西”[1]。列宁也曾明确指出：“不研读恩格斯的全部著作，就不可能理解马克思主义，也不可能完整地阐述马克思主义。”[2] 其中，《反杜林论》是一本“每个觉悟工人必读的书籍”[3]。

一 | 写作背景

《反杜林论》目前通行的四个中文版本

《反杜林论》的应运而生，既是总结无产阶级革命的历史经验、推进马克思主义理论发展的客观需要，也是进一步指导国际共产主义运动前进的现实需要。

（一）理论背景

作为对封建社会的身份等级制度的超越，现代文明的发展意味着人类对平等、自由有了更深的理解和更高的追求。从表面上看，市场自由交换的市场经济体制体现了平等、自由等原则。但由于资本主义私有制的普遍存在，财富分配的两极分化是所谓的自由竞争的必然结果。而工人阶级为了生存，虽然可以自由地出卖劳动力，但这是以资本对财富和劳动的控制、主宰为前提。因此，在资本主义制度下，人类不可能彻底解决平等、自由和公正等问题。在马克思、恩格斯生活的年代，什么是社会主义及如何使社会主义成为现实，成为一个崭新的时代课题。在当时，人们对社会主义的探索，主要在两个方向上相继展开。知识分子专注于理论探索，致力于揭开无产阶级受剥削、受压迫的秘密；先进实业家则从事改革试验，通过实际的组织、实践，尝试证明共产主义生活的可行性、优越性。他们的努力、求索，是可歌可敬的。但片面地进行观念革新、理论创新，或者单纯地开展实验，都没有真正解决问题。

社会主义若想真正走向科学，理论认识必须首先实现科学化。这是因为，社会主义理想的实现，归根到底要以彻底地、科学地认识现实社会为前提。同时，社会主义这种理论、思想的变革，也必须与革命的实践有机地结合起来，不断检验和发展其科学性，否则，就会流于形式或教条。然而社会主义的科学化，并不是某个或某几个学科的任务，而在根本上有赖于科学的世界观和方法论所实现的根本革命。在唯物史观形成之前，人们对社会主义的很多理论探索，大都归于失败。其中一个根本原因，就在于他们既没有科学的世界观和方法论，又缺乏对革命的实践的科学认识。随着无产阶级的壮大和劳资矛盾的深化，社会主义思潮及其运动日渐发展。不同经历、阶层和思想背景的人，往往都对社会主义表示关心。杜林主义，正是这方面的一个反面典型。

杜林体系及杜林主义的创始人欧根·杜林（1833—1921），德国哲学家、庸俗经济学家。作为新的批判思潮的成员之一，与同时代的很多学者一样，政治立场激进，以批判时局为己任。杜林是以研究经济学问题起家的，他长期关注社会改革问题，以“社会主义的行家或改革家”的面目自居。由于他探讨的诸如“如何批判现实”、“如何建构新社会主义”等问题，都是当时的时髦课题，因而引起了人们对他的学说的关注。他极力推行所谓“新社会主义”理论，建立所谓的“共同社会”。“共同社会”（Sozialitaet）一词是杜林生造出来的，与德语中“社会主义”一词的词根相同而词尾不同。[4] 实际上，杜林炮制出的这一套，目标非常明确，就是要显示其社会主义思想的独创性，进而与马克思主义分庭抗礼。

但问题关键在于，杜林的经济学思想，并没有超出庸俗经济学的水平，这从根本上决定了他的社会主义学说只能流于浅薄、空泛。无论是 1871 年出版的《国民经济学和社会主义批判史》，还是 1873 年出版的《国民经济学和社会经济学教程》都是如此。为了全面论证其社会主义理论的正确性、绝对性，杜林又选择投身于哲学的改造事业。1875 年，《哲学教程——严密科学的世界观和人生观》正式出版。依照杜林的自我理解，这本书全面、详细而彻底地为“新社会主义”作了世界观高度的论证；它在为人们提供全新的真正现实的哲学的同时，也最终证明了社会主义的现实性、必然性及其理想形态。实际上，《哲学教程》由于基本抄袭了黑格尔思辨哲学的体系、框架，不仅算不上什么创新，根本就是哲学世界观的一种倒退。由此可见，他的“新社会主义”理论也就难逃虚假、空洞。但尽管如此，他的思想对一些理论素养不高的人还是具有诱惑力的，特别是他一直遭到统治当局迫害的经历，也博得了革命者的广泛同情。

杜林鼓吹他的社会主义，是与其国民经济学结合在一起的“精确意义上的社会主义”，是以现实状况为出发点，建立在承认固有规律基础上的。杜林宣称：“最新的和最深刻的国民经济学，不仅可以让人们认识到民族解放的历史条件和物质条件，而且也可以让人们认识到，劳动人民以及一切被压迫者谋取自身解放的活动是合乎自然规律的。”[5] 他所谓的规律，并不是指对社会生产方式的认识，而主要是指对抽象人性和个人意志的认识。在杜林看来，社会主义的现实性，很大程度上取决于人的道德伦理天性。杜林指出：“建立在自愿结合基础上的社会所关心的是个人——同多数人的意志结合在一起的个人——在任何事情上都不会受到强制。”[6] 在杜林心目中，社会主义的目的就在于消除雇佣制和人对人的支配，建立以平等互助为基础的经济公社。这种共同体实行以等量劳动等量交换的平等分配制度，来取消自由竞争及其带来的危害。由于他忽略了对资本主义私有制这一根本原因的批判，将社会主义简单归结为分配，等于把经济事实归结为主观意愿，这不过是以往空想社会主义思想的翻版而已。在其思想后期，杜林改变了对"暴力国家"的批判，转而认为，政治权力和暴力作为人类历史发展的动力和根据具有永恒性。这种表面化的肤浅解释，使得杜林只能主张，可以利用现存制度达到无产阶级解放的目的，而从根本上否认无产阶级革命的胜利必须以摧毁旧的社会为前提。杜林的这些想法，不仅无法实现社会主义，而且等于是在变相扼杀无产阶级的革命运动。

杜林思想的出现，绝不是偶然现象。一方面，它再一次证明了对资本主义制度的批判，具有理论上和逻辑上的必然性；另一方面，它也说明了社会主义从空想到科学的发展，是极其复杂曲折的。

（二）现实背景

无论是在世界近现代史上还是在国际共产主义运动史上，1871年爆发的巴黎公社革命，都是一个重要的历史转折点。一方面，资本主义世界进入了较为稳定的"和平"发展时期；另一方面，马克思、恩格斯及其所领导的社会主义政党和组织，在总结工人运动历史经验的基础上，不断加强理论建设，以应对资本主义发展的新变化，回击资产阶级和形形色色的机会主义思潮和派别所提出的挑战，从而切实指导和推动国际共产主义运动深入发展。1875年5月，德国社会主义党的建立，标志着马克思主义完全确立了在工人运动中的主导地位。

德国既是马克思主义创始人马克思、恩格斯的故乡，也是马克思主义的直接诞生地。但与英国、法国等老牌资本主义国家比较而言，德国在19世纪中叶以前，在社会经济发展方面远远落在了后面，属于典型的“后发”国家。但1871年德国实现民族统一之后，现代资本主义工业得以快速发展，在不到20年的时间内，德国的工业就超过了其他资本主义国家，仅次于美国，GDP跃居世界第二位。资本主义生产方式的普遍化，必然导致阶级状况的变化。作为资产阶级的对立面，德国无产阶级也逐步发展壮大起来。由于法国的工人运动因巴黎公社遭到镇压而暂时处于低潮，英国的工人运动因受工联主义影响而停滞不前，历史的机遇使德国无产阶级迅速成为国际共产主义运动的重要力量。

但德国工人阶级及其政党组织，有一个不容忽视的弱点，就是思想上和理论上的不成熟。一方面，这是由当时德国社会不成熟的社会经济和阶级状况所决定的。当时的德国，正处于“超英赶美”的现代化进程中，由于不同经济成分共存，不同阶级及其意识往往交互影响、互相渗透。另一方面，德国社会主义党是由德国社会民主工党（爱森纳赫派）和全德工人联合会合并而成。毫无疑问，这是德国工人运动发展的积极成果。但不可避免的，其中很多成员，本身就是小资产阶级出身，有些人始终不愿改造自己的立场，在错综复杂的阶级矛盾面前，这些人的立场很容易发生动摇。同时，当时各种理论思潮对工人阶级的侵蚀，也产生了极为重要的影响。以唯意志主义、新康德主义等为代表的各种各样的资产阶级的庸俗经济学、社会改良主义等学说纷纷出台，抢占思想理论上的阵地。由于在理论传统方面，德国思辨哲学作为当时德国思想界的主导形态，对人们的世界观产生了广泛影响。这种哲学重视概念思辨，轻视现实批判；重视精神革命，轻视物质变革。围绕意识谈意识，带有很大的封闭性。因此一些社会批判思潮的代表者（有的甚至直接打着“真正的社会主义”的旗号）往往宣扬自己最平等、最革命，在思想世界里无比激进，而一遇到现实的物质斗争、物质问题，批判的威力就消失得无影无踪。当然，还有一个客观原因就是，1848 年革命后，马克思、恩格斯被迫离开德国长期流亡国外，他们的主要著作也没能在广大工人群众中得到广泛的传播与普及。在这样一个社会背景下，尽管德国社会主义党在建党时，曾十分明确地主张必须以马克思主义为指导，但在其党的纲领中，仍然包含了不少非马克思主义的思想。也正是由于这种认识上的不成熟，使德国工人阶级及其领导人缺乏足够的明辨是非的能力和警惕性，给各种机会主义以可乘之机，其中杜林主义作为其中的典型代表，不仅一度给当时的德国工人运动造成思想上的诸多混乱，而且引发了宗派主义。

大致从 19 世纪 70 年代开始，随着其思想观念的传播，杜林学说的影响迅速扩大，逐渐由党外波及德国社会主义党内部，消极影响也日渐蔓延。杜林以社会主义改革家自居，公然把矛头指向马克思主义，开始在期刊上向马克思发起猛烈攻击。一些党内人士也受到杜林主义的蛊惑，竟然准备用杜林主义“反思”乃至要重整马克思主义。比如伯恩施坦，就曾为杜林的思想所折服。他在阅读了杜林的著作之后，认为，“杜林用比马克思的著作易懂得多的语言与形式来叙述社会主义”，“用其他任何人所不及的科学的激进主义补充了马克思，也可以说继续了马克思”[7]。伯恩施坦不仅鼓励党内同志和青年学生去听杜林的课，而且还积极邀请杜林为工人宣讲其理论。他同时指出，党内不能培养对马克思的个人崇拜。其他诸如莫斯特、倍倍尔等人，也曾乐于撰文对杜林哲学进行评论。1874 年，杜林主义在《人民国家报》公开露面。这与党的领导人李卜克内西反应比较迟钝，立场出现了一定的动摇有很大关系。马克思、恩格斯意识到问题的严重性，决心予以反击。在这个过程中，马克思、恩格斯进行了耐心的说服教育工作，使李卜克内西等许多骨干力量终于醒悟过来。李卜克内西于 1875 年致信恩格斯，建议其在《人民国家报》上回击杜林，揭露杜林主义的实质。于是，对杜林的批判开始提上日程。

应该看到，杜林对马克思主义的这些攻击，绝不是处于理论上的分歧和对立，其根本目的在于要与马克思主义争夺德国工人阶级在思想上的领导权。因此，为彻底驳倒杜林，恩格斯毅然放下手头工作而决定“收拾无聊的杜林”，这既是理论发展的需要，也是革命现实的需要。

二 成书过程

马克思与恩格斯作为马克思主义的共同创立者，在批判杜林主义的问题上，体现出了高度一致性。从恩格斯与马克思在以此为主题的相互通信中不难看出，整个批判的立场、观点、方法等各个方面的内容，乃至一些相关细节，始终是恩格斯与马克思共同探讨、交流的结果。其中，马克思还亲自撰写了部分章节的初稿。由于二人分工合作的关系，对杜林的批判，主要由恩格斯来完成。但马克思明确表态，支持恩格斯的工作。“我的意见是这样的：‘我们对待这些先生的态度’，只能通过对杜林的彻底批判表现出来。”[8]

1876年，恩格斯在《人民国家报》上发表文章，点名批判了杜林的有关言论，公开表示准备批判杜林。这是在公开场合的第一次交锋。1876年5月，恩格斯致信马克思，表示着手批判杜林主义。同年5月28日，恩格斯致信马克思，阐述自己著作的总计划和性质。他说：“你说得倒好。你可以躺在暖和的床上，研究具体的俄国土地关系和一般的地租，没有什么事情打搅你。我却不得不坐硬板凳，喝冷酒，突然又把一切都搁下来去收拾无聊的杜林。”[9]恩格斯指出：“这本书暴露出的平庸性比他的经济著作更直截了当。”[10]为此，“我重温古代史和研究自然科学，对我批判杜林大有益处，并在许多方面有助于我的工作。特别是在自然科学方面，我觉得自己对于这个领域熟悉得多了，尽管在这方面还要十分谨慎，但行动起来毕竟已经有点自由和把握了”[11]。恩格斯进而指出：“实际上，该书根本没有谈到真正的哲学——形式逻辑、辩证法、形而上学等等，它倒论述了一般的科学理论，在这里，自然、历史、社会、国家、法等等都是从某种所谓的内部联系方面加以探讨的。”[12]“友人莫斯特对杜林《哲学教程》的吹捧已明确地给我指出，应当从哪里进攻和怎样进攻。”[13]

1876 年 9 月至 1877 年 1 月，恩格斯完成了第一编的写作。最初的题目定为《欧根·杜林先生在哲学中实行的变革》，旨在突出批判的问题意识和矛头所向。杜林主义的根基在于它的哲学。只有彻底驳倒其世界观，才能从根本上揭穿其社会主义论的虚假。经过一番斗争和努力，1877 年 1 月至 5 月，该文终于以组论文的形式分 20 篇陆续发表于《前进报》上。当时，由于杜林分子的反对，文章的连载曾遇到一定困难。李卜克内西为此做了大量有益的工作。恩格斯在一封信中说：“如果他们埋怨我的语调，那么，我希望你不要忘记反驳他们，向他们指出杜林先生对待马克思和他的其他先驱者的语调，而且特别要指出，我是在论证，而且是详细地论证，而杜林却简直是歪曲和辱骂自己的先驱者。他们要这样做，那么我保证，他们必定会得到应有的惩罚。”[14]

1877 年 6 月至 12 月，第二编终于完稿。马克思本人撰写了此编的第十章的初稿，恩格斯作了修改。第二编最后以《欧根·杜林先生在政治经济学中实行的变革》为题，分九章发表于 1877 年 7—12 月《前进报》的学术附刊和附刊上。

1878 年上半年，恩格斯完成了第三编。以《欧根·杜林先生在社会主义中实行的变革》为题，发表于 1878 年 5—7 月的《前进报》附刊上。

与杜林主义的斗争，最终以马克思主义的彻底胜利为结局。但为了使德国工人阶级能正本清源，迅速准确掌握、吸收马克思主义及其精神方法的实质，摆脱其他学说的消极影响，1877 年 7 月，第一编以《欧根·杜林先生在科学中实行的变革。一、哲学》为题在莱比锡出版了单行本。1878 年 7 月，第二编和第三编以《欧根·杜林先生在科学中实行的变革。二、政治经济学·社会主义》为题在莱比锡出版了单行本。1878 年 7 月，莱比锡出版《反杜林论》第一版，标题为《欧根·杜林先生在科学中实行的变革。哲学·政治经济学·社会主义》。1886 年，第二版在苏黎世出版。1894 年经过了修订的第三版在斯图加特出版。其中，第二版和第三版直接使用《欧根·杜林先生在科学中实行的变革》为题，并未出现副标题"哲学·政治经济学·社会主义"，意在针锋相对地揭露与嘲讽杜林对凯里庸俗经济学的大加吹捧。恩格斯为这三个版本分别撰写了序言。从此，《反杜林论》作为《欧根·杜林先生在科学中实行的变革》的简称，而广为人知。

三 文本结构与核心思想

作为一部论战著作，《反杜林论》通过对杜林主义的针对性批判，全面阐述了马克思主义的世界观、方法论。杜林推出的所谓新社会主义，无非是一套僵化的、机械的抽象知识体系，这无疑给批判造成了一定难度。出于要对杜林提到的所有方面的问题给予明确的回应，以达到澄清真相、教育德国工人阶级的目的，恩格斯在《反杜林论》中依照杜林体系的三个主要部分——哲学、经济学和社会主义，分别对其实质予以了揭露和批判。相应的，哲学、经济学和社会主义也就构成了本著作的基本内容和架构。同时，恩格斯也以此为契机，把哲学、经济学和科学社会主义作为马克思主义的三个不可或缺的、内在统一的组成部分，进一步全面阐发马克思主义的实质精神和基本内容。为了使读者更加容易领会，恩格斯具体说明了马克思主义的这三个组成部分所具有的特殊意义，它们分别具有的作用和地位，以及它们如何相互联系、彼此补充，作为严整而统一的科学世界观，对社会主义革命进行科学论证并具体指导无产阶级革命实践。

正如恩格斯所指出的，为了确立其所谓的关于自然、社会、历史的“最后的终极真理”，杜林通过《国民经济学和社会主义批判史》和《国民经济学和社会经济学教程》在经济学领域转了一圈之后，又回到了抽象思辨的领地。在其代表作《哲学教程》——这本杜林主义的圣经中，杜林为所谓的“真正的社会主义”奠定世界观基础，以论证社会主义的本质和必然性。应该看到，杜林的《哲学教程》在“许多关键问题上更明显地暴露了《经济学》中所提出的论据的缺点和基础”[15]。在此，我们也以《哲学教程》为基础，帮助大家对杜林体系的实质和特征有一个基本认识。

杜林的《哲学教程》，副标题为“严密科学的世界观和人生观”。杜林毫不掩饰地指出，严密科学，主要有两个意思：知识大全和真理体系。在他看来，哲学即体系，“我所阐述的体系同以前的一切哲学形式有着十分重大的区别。可以把我的体系称之为自然体系或现实哲学［真正的哲学］，因为它排除了人为的和违背自然的虚构，并且破天荒地使现实的概念成了一切观念的标尺”[16]。从表面上看，杜林要求哲学现实化，本无可厚非，因为这反映了时代对理论发展的要求。但哲学的现实化，就必须要告别对抽象体系的追求，必须如实反映现实、批判现实，探讨现实社会生活中人类活动的矛盾及其规律性认识。而杜林的实际做法恰恰违背了自己的诺言。他依然在传统体系哲学中兜圈子。他说：“用逻辑的方法把无所不包的存在表达出来的最大胆的做法，就是这种做法的普遍的体系性。”[17]“如果我们的思维朝着科学的、无所不包的形式前进，那么，它将成为一个在逻辑关系上说是自满自足的体系。”[18] 杜林对自己的真实意图已经说得一清二楚，可是他还要借助华丽的辞藻自我标榜：“科学的幻想不是臆造。它符合事物的现实联系，并且是从这种联系中形成的。”[19] 具体来讲，“自然体系［现实哲学］只有两个真正的研究对象，即自然界和人类世界”[20]。简单地看，这样讲似乎没有什么问题。但是，把自然界与人类世界简单地相互并列，并没有脱离传统哲学的思维方式。在杜林看来，自然界属于物质实体，人类世界则归结为文化、精神现象。哲学于是将二者统于一体：“这就是：一般的世界模式论，关于自然原则的学说，以及最后关于人的学说。在这个序列中，同时也包含某种内在的逻辑次序，因为适用于一切存在的那些形式的原则走在前面，而应当运用这些原则的对象的领域则按其从属次序跟着后面。也就是说，自然原则仍然是人类世界——自然世界的一部分——的标尺。”[21]

杜林的《哲学教程》，除去“导言”和“跋”，总共八篇22章，约40万字。第一篇探讨存在的基本形式，是其思辨体系的总开端。第二篇到第七篇，构成杜林哲学的完整体系架构。第八篇对科学与哲学的历史、当前状况进行描述，相对来讲属于附属性介绍。

在《哲学教程》的第一篇，杜林专门探讨了“存在的基本形式”问题。抽象地看，存在即有。除此之外，这一概念再没有更为具体的内容。但这样的空洞概念，恰恰是杜林所青睐的。对于构建思辨体系而言，这是名副其实的起点。即便是对存在本身的理解，杜林的思辨水平比黑格尔还是差了许多。黑格尔认为，世间万物皆有其矛盾本性，正是矛盾推动着事物不断变革。杜林反其道而行之，直言要取消矛盾：“关于存在的基本逻辑特性的第一个命题，而且是最重要的命题就是矛盾的排除。”[22] 思维的逻辑矛盾肯定需要排除，但事物的矛盾本性如何能够消除？一旦执意取消这一点，那么杜林的哲学思维也只能在“一是一、二是二”的片面形而上学水平徘徊。《哲学教程》全力贯彻和展现的，也正是这样的哲学思维方式。从这个意义上说，杜林的世界观是对黑格尔理论体系的倒退。

在第二篇“自然知识原理”中，杜林集中讨论了自然哲学与意识哲学，即思辨体系的前史。为了体系的完整流畅，他不惜以歪曲事实为代价，虚构出一个物质发源的原始状态，即物质与机械力的绝对同一、平衡、静止。然后，从这样的一个原始起点开始推演事物的运动变化。杜林认为，物质是一种实体或载体：“何谓物质？我们的回答是，物质是一切现实的东西的承担者。”[23] 整个宇宙即为物质的外部形态，实体是整个现实世界的中心、本原、依托。杜林对物质的看法，充分暴露了他的形而上学立场。在讨论生命现象时，杜林沿袭了黑格尔的做法，借助于目的概念，把从无机界向生命领域过渡，看做是精神的自我认识，并以此对达尔文的进化论、拉马克的变异论给予了无端批评，但他本人对于生物进化的实证研究却少得可怜。实际上，如何看待生命现象，一直是科学界的大课题。杜林再一次发挥自己的想象，认为生命就是新陈代谢，其思想的唯心主义实质展露无遗。

在第三篇“意识的要素”中，杜林主要探究了感性的、理性的、非理性的等纯粹意识形式问题。这其实属于狭义认识论研究，在形式上，完全可以归入意识科学、脑科学和心理科学领域。作为哲学的思辨，杜林的解释并没有提供比前辈和同时代科学家更多的东西，反而充斥着由于体系安排需要刻意而为的编造、裁剪。从无机界到有机界，再到意识界，杜林紧密跟踪着宇宙的发生、进化，然后逐阶段推演其绝对真理的概念形式。很显然，这里的探讨绝不是完全的实证研究，而是哲学的抽象思辨，由于没有充分、确凿的实证材料，只能流于空洞、虚幻。

在第四篇“伦理、正义和高尚的人性”中，杜林开始探讨人性与道德问题。在杜林看来，良好的道德及其伦理秩序，是实现自由、平等的终极保证。所以，唯一值得努力的分析，就是发现、论证高尚的人类模型，建起关于高尚人性的终极真理。用他的话说，“这些原则是真正的、从一开始就起作用的天然的推动力”。“真正的真理是根本不变的，而且永远可以这样设想：它们在任何时候，对于自身所有的条件都是适用的”[24]。在这个意义上，哲学，或者现实哲学，就是要建构“精确的、赢得了科学盛誉的关于人类共同生活的基本规则的学说”，尽管它“刚刚处在孤立的萌芽之中”，但“不能以事实为满足，而必须追求本源和创造性地进行工作”[25]。杜林此处的描述到处夹杂、充斥着主观虚构、概念编造。在杜林看来，理解了人，也就理解了社会、历史和生活。从表面上看，似乎有一定道理，因为现实世界本来就是在人类自身的活动中生成和发展的。然而，杜林的人性论，主要是基于主观意愿、良好意志的抽象分析，他对人的本质理解，也不在于实践活动、物质生产活动，而是文化精神因素。由此，杜林关于伦理道德问题的论述，基本变成了纯粹说教。

第五篇“社会和历史”，集中表达了杜林的社会历史观。一般而言，哲学世界观如果要为社会主义确立科学的起点，就必须立足社会历史领域探讨问题。表面上看，杜林似乎也做到了这一点。但由于受制于抽象人性论，他并没有从对社会经济状况的批判、反思开始，而是选择政治科学问题为讨论的起点。在杜林看来，社会就是某种泛泛的共同生活，不同成员发生社会联系的根据则在于抽象人性，主要是良好愿望。至于历史，杜林认为：“历史是单纯的自然劳动的继续。人类的命运之这个单纯的自然垄断中得到了各种各样的表现。”[26]他说：“人生之乐趣和人生之魔力不仅存在于经过世世代代的延续而不断焕发出生气的新的个人生活中，而且也存在于生活方式的不同和变化中。”[27]“无论在什么地方，生产和劳动都能产生一种最高尚的生活情感。因此，如果历史的目的就是生活，那末历史的本质只能是创立不同的和变化着的生活。”[28] 从表面上看，杜林突出了社会历史、日常生活和个人活动之间的关系，但要对社会历史及其发展现实进行批判，不在于简单地指出它会影响人们的日常生活，而是要彻底揭示人类到目前为止为什么不能够真正平等、自由地生活，不能够彻底走出资本私有制的控制、束缚。如果像杜林所说的，仅仅通过日常生活来解读历史，现实的物质生产活动——这个历史的真正发源地，就被抛到了九霄云外。剩下的，也只能是求助于精神、观念世界的单纯变革。杜林甚至宣称，“思想界的繁荣兴旺是历史发展的最强大的动力”[29]。“对于自然力量的控制，绝大部分只是精神成就的一个结果。”[30] 也就是说，社会历史不是物质的，而首先是精神的。如果这也算是真理，那么人类解放、社会主义的实现，就根本用不着千千万万人的实际斗争，而只需通过改造主观世界，实现精神的变革，就足够了。

第六篇“生活的个人化和生活价值的提高”和第七篇“一切集体活动的社会化”，是杜林哲学体系的结论部分。在这里，杜林最终明确地告诉人们，什么才是社会主义及如何构建社会主义。在杜林看来，“意愿是判断生活是否有意义的根基”[31]。“通过对生活本身的检验来刺激生活中的新生事物和满足人们的生活要求。用健康的争执来抵消任何［其他］类型的争执。”[32] 这些观点成为他对历史发展和社会主义抱以信心的基础。他指出：“事物的内在逻辑的结果是：健康的事物必然占居统治地位。”[33] 至于社会主义，用哲学的语言来说，就是“以相互支援为目标的共同生活的高度自由”[34]。由于缺乏对资本制度直接、全面、有效的分析，杜林对于社会主义的实现，只能发挥自己片面的、形而上学的想象：“在人们的相互交往中，只有人的真正的、直接的意识才能给人们的责任感提供最终的和最精确的标准。如果人与人之间的相互关心，成了人们感情上的直接需要，成了高尚意愿的规律，那么，无比高尚的道德观就会出现。”[35]

如果人类在诞生之初就注意修心养性、文明精神，那么千年的压迫、剥削就可以一笔勾销了。这种单向空虚、浅薄的道德说教求助，是何等的孱弱无力。

最后，杜林再次明确自己的志向，即改造哲学，使之顺应社会主义发展潮流，为社会主义提供坚实的、严密科学的世界观和人生观。他说："我们现在要绘制的社会性的整体的全图，主要是让人们清楚地看到同现实哲学相一致的、建立在对事物和人进行严密科学观察基础上的生活观，让人们清楚地看到这种生活观所包含的一切主要方面。"[36] 这就把自己的底线向读者和盘托出了。绘制社会主义蓝图的任何企图，都要归结到对全新生活观的理论建构。经济的东西其实不重要，生活、价值、团结及良好愿望才是根本。如果连社会生活的物质内容也加以抛弃，所谓严密科学的基础从何而来呢？答案只有一个，即主观想象及其抽象思辨。

按照抽象到具体原则，杜林的体系从宇宙规律讲起，然后到有机界，再到意识阶段，最终进入人性和社会历史领域，以此穷尽他所谓的"终极真理"。在这里，杜林试图构建完美的真理体系，要一劳永逸地解决社会主义问题。现实社会的经济结构，在这里并没有得到全面、深刻的说明，甚至没有成为一个主要问题而引起足够重视。或者说，杜林体系的最大"长处"，并不在于指引人们如何科学地看待其社会生活，而是重新推出一套空洞的解说词。杜林的逻辑是，"人们的世界观一旦把握住了现实体系的特征，本身就完美无缺了；世界观的体系一旦得到自然界的说明，它就完成了；人们一旦去寻求大自然和历史在他们的本质中设置的他们同个人的和集体的体系的一致性，他们的生活观就形成了"。[37] 推而广之，社会主义，作为一种全新的平等、自由的生活秩序，便可能成为现实。体系哲学的虚假，在杜林这里又一次得到完美的展现。实际上，真正科学的世界观和人生观，不可能在哲学家一厢情愿式的想象中得到，而只能从如实说明、概括社会历史现实，从如实揭示社会经济矛盾中形成。这样的世界观一旦形成，也不会再迷恋任何形式的体系建构，而是集中全部力量彻底说明社会生活的经济事实，彻底证明社会主义作为世界历史发展的必然与可能。尽管杜林本人声称，他的哲学是真正的现实哲学，但这并不能改变问题的实质。与黑格尔不同的是，杜林并未在社会历史领域，给人们以真正有益的思考，以《哲学教程》为代表，我们会发现，杜林的所谓新哲学才恰恰是真正对黑格尔哲学的某种拙劣模仿。

不仅如此，更为严重的是，杜林对马克思主义的攻击已达到不择手段的程度。在哲学方面，他诬蔑马克思的理论是“黑格尔非逻辑学”的再版，是“大家知道的哲学偏见”，马克思利用它“为自己的信徒创造辩证法的奇迹”；在经济学方面，他否定劳动价值论，认为“劳动时间决定劳动价值并非无可争议”，他攻击马克思关于“资本是生产剩余价值的价值”的思想，“只是历史幻想和逻辑幻想的杂种的荒谬观念”，“只能在严谨的国民经济学中引起混乱”；在社会主义方面，杜林批评科学社会主义强调经济必然性的作用是“隐蔽的反动性”，他还特别攻击马克思借助于辩证法对共产主义的科学展望。[38]

总的来说，杜林主义这些错误思想的危害性，是不言而喻的。为了达到正本清源目的，恩格斯从表面上沿袭了杜林的思路，但在实质上，坚持和始终贯穿了马克思主义的基本立场、观点和方法，体现了“破中有立”、“破立结合”的原则。马克思主义的核心思想在《反杜林论》各部分内容中，都得到了具体体现。

在《引论》中，恩格斯概述了现代社会主义的发展和科学社会主义的历史基础、社会经济基础以及理论前提，明确提出，马克思的两个伟大发现——唯物史观和剩余价值理论，作为科学社会主义形成的理论核心基础，使科学社会主义最终超越空想社会主义。

在哲学编中，恩格斯总结了 19 世纪的自然科学成就，系统分析了人类认识发展的历史，彻底批判了杜林的先验主义，全面阐述了工人阶级的科学世界观的哲学基础；论证了世界的统一性在于它的物质性这一唯物主义最重要的论点，阐述了辩证唯物主义的时空观、运动观；科学地回答了思维和存在的关系问题，得出了“思维和意识是人脑的产物，从而也是自然界的产物”的科学结论；阐述了辩证唯物主义认识论的基本方面，说明思维是存在的反映，思维规律和自然规律本质上是一致的；深化了认识过程的辩证性质的观点，指出，就整个人类的认识能力和人类思维的本性来说，人的认识能力是无限的，世界上没有不能被认识的事物。但作为处在一定历史条件下的单个人来说，他的认识能力总受到主客观条件的限制，因而是有限的。这种矛盾只能在人类无限的前进发展中不断解决。他还阐述了相对真理和绝对真理的辩证关系，一切真理都具有相对性，在相对真理中包含着绝对真理的成分；分析了自由和必然的关系，指出自由是对必然的认识；揭示了辩证法同形而上学的根本区别，系统地阐述了唯物辩证法的特征和基本规律——矛盾规律、质量互变规律和否定之否定规律。

在政治经济学编中，恩格斯深入批判了杜林的庸俗经济学思想，论述了政治经济学的对象和经济科学的任务，科学地阐明了马克思的经济理论，特别是价值和剩余价值理论。他通过批判杜林的唯心主义暴力论，阐明了经济决定政治、生产在社会历史发展中具有决定作用等历史唯物主义原理。他明确提出，正是对资本主义社会的科学的经济分析，揭示出那些使这个社会瓦解并最终导致其灭亡的对抗性矛盾的客观规律性，同时说明了在资本主义内部发展起来并成为未来社会的生产组织的前提的那些因素。

在社会主义编中，恩格斯揭露了杜林的冒牌社会主义，通过科学地评价三大空想社会主义者圣西门、傅立叶、欧文的理论贡献和历史局限性，全面系统地阐述了科学社会主义的历史和理论。他揭示了资本主义的基本矛盾，即生产的社会性和资本主义私人占有形式之间的矛盾，科学地论证了资本主义崩溃和社会主义革命取得胜利的必然性。恩格斯根据对资本主义发展的规律性和趋势的深刻分析，预言了未来社会的一些特征：社会生产内部的无政府状态由有计划的、自觉的组织所代替；旧式社会分工将消失，生产劳动将从一种负担变成生活第一需要；脑力劳动和体力劳动之间、城乡之间的差别与对立将消灭，阶级差别将消失，国家将消亡；对人的统治将为对物的管理和对生产过程的领导所代替；家庭关系将发生根本的变化；教育将与生产劳动相结合；宗教将消失；等等。他指出，只有到了共产主义社会，人们将成为自然和社会的自觉的和真正的主人，才完全自觉地自己创造自己的历史，人类才能实现从必然王国进入自由王国的飞跃。

【本章注释】

[1]《马克思恩格斯全集》第 34 卷，人民出版社 1972 年版，第 242 页。

[2] 韦建桦主编：《列宁专题文集 · 论马克思主义》，人民出版社 2009 年版，第 50 页。

[3]《列宁选集》第 2 卷，人民出版社 1995 年版，第 310 页。

[4] 黄楠森等主编：《马克思主义哲学史》第 3 卷，北京出版社 1991 年版，第 81 页。

[5] [德] E. 杜林：《哲学教程——严密科学的世界观和人生观》，郭官义、李黎译，商务印书馆 1991 年版，第 306 页。

[6] [德] E. 杜林：《哲学教程——严密科学的世界观和人生观》，郭官义、李黎译，商务印书馆 1991 年版，第 253 页。

[7] 黄楠森等主编：《马克思主义哲学史》第 3 卷，北京出版社 1991 年版，第 103 页。

[8]《马克思恩格斯全集》第 34 卷，人民出版社 1972 年版，第 15 页。

[9]《马克思恩格斯文集》第 10 卷，人民出版社 2009 年版，第 414 页。

[10]《马克思恩格斯文集》第10卷，人民出版社2009年版，第415页。

[11]《马克思恩格斯文集》第10卷，人民出版社2009年版，第416页。

[12]《马克思恩格斯文集》第10卷，人民出版社2009年版，第414页。

[13]《马克思恩格斯文集》第10卷，人民出版社2009年版，第414页。

[14]《马克思恩格斯全集》第34卷，人民出版社1972年版，第223页。

[15]《马克思恩格斯全集》第34卷，人民出版社1972年版，第18页。

[16] [德] E. 杜林：《哲学教程——严密科学的世界观和人生观》，郭官义、李黎译，商务印书馆1991年版，第12页。

[17] [德] E. 杜林：《哲学教程——严密科学的世界观和人生观》，郭官义、李黎译，商务印书馆1991年版，第35页。

[18] [德] E. 杜林：《哲学教程——严密科学的世界观和人生观》，郭官义、李黎译，商务印书馆1991年版，第36页。

[19] [德] E. 杜林：《哲学教程——严密科学的世界观和人生观》，郭官义、李黎译，商务印书馆1991年版，第12页。

[20] [德] E. 杜林：《哲学教程——严密科学的世界观和人生观》，郭官义、李黎译，商务印书馆1991年版，第13页。

[21] [德] E. 杜林：《哲学教程——严密科学的世界观和人生观》，郭官义、李黎译，商务印书馆1991年版，第13页。

[22] [德] E. 杜林：《哲学教程——严密科学的世界观和人生观》，郭官义、李黎译，商务印书馆1991年版，第28页。

[23] [德] E. 杜林：《哲学教程——严密科学的世界观和人生观》，郭官义、李黎译，商务印书馆1991年版，第67页。

[24] [德] E. 杜林：《哲学教程——严密科学的世界观和人生观》，郭官义、李黎译，商务印书馆1991年版，第183页。

[25] [德] E. 杜林：《哲学教程——严密科学的世界观和人生观》，郭官义、李黎译，商务印书馆1991年版，第243页。

[26] [德] E. 杜林：《哲学教程——严密科学的世界观和人生观》，郭官义、李黎译，商务印书馆1991年版，第275页。

[27] [德] E. 杜林：《哲学教程——严密科学的世界观和人生观》，郭官义、李黎译，商务印书馆1991年版，第275页。

[28]［德］E. 杜林：《哲学教程——严密科学的世界观和人生观》，郭官义、李黎译，商务印书馆 1991 年版，第 275 页。

[29]［德］E. 杜林：《哲学教程——严密科学的世界观和人生观》，郭官义、李黎译，商务印书馆 1991 年版，第 275 页。

[30]［德］E. 杜林：《哲学教程——严密科学的世界观和人生观》，郭官义、李黎译，商务印书馆 1991 年版，第 276 页。

[31]［德］E. 杜林：《哲学教程——严密科学的世界观和人生观》，郭官义、李黎译，商务印书馆 1991 年版，第 332 页。

[32]［德］E. 杜林：《哲学教程——严密科学的世界观和人生观》，郭官义、李黎译，商务印书馆 1991 年版，第 339 页。

[33]［德］E. 杜林：《哲学教程——严密科学的世界观和人生观》，郭官义、李黎译，商务印书馆 1991 年版，第 341 页。

[34]［德］E. 杜林：《哲学教程——严密科学的世界观和人生观》，郭官义、李黎译，商务印书馆 1991 年版，第 359 页。

[35]［德］E. 杜林：《哲学教程——严密科学的世界观和人生观》，郭官义、李黎译，商务印书馆 1991 年版，第 376 页。

[36]［德］E. 杜林：《哲学教程——严密科学的世界观和人生观》，郭官义、李黎译，商务印书馆 1991 年版，第 360 页。

[37]［德］E. 杜林：《哲学教程——严密科学的世界观和人生观》，郭官义、李黎译，商务印书馆 1991 年版，第 37 页。

[38] 黄楠森等主编：《马克思主义哲学史》第 3 卷，北京出版社 1991 年版，第 77 页—第 79 页。

第二章 《反杜林论》的方法论原则

——《序言》和《引论》

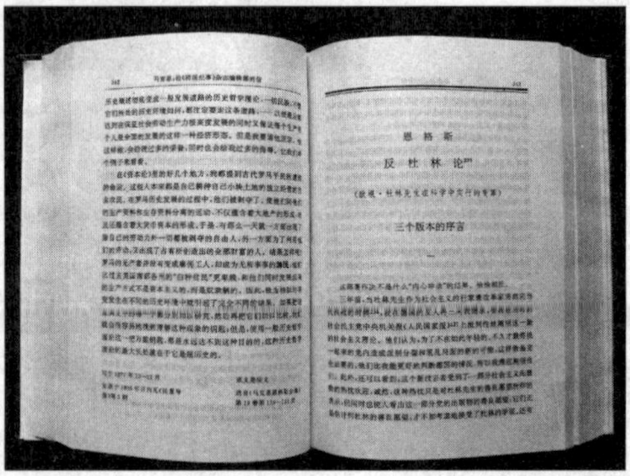

《马克思恩格斯选集》第 3 卷

作为《反杜林论》的开篇，恩格斯在《序言》和《引论》中，说明了展开对杜林主义批判的背景、目的，确立了马克思主义的基本立场，并以此作为《反杜林论》的方法论原则。其中，《反杜林论》的三个版本的序言，在马克思主义发展史上，具有独特的重要地位，因为它“包含了恩格斯呈现马克思观点的最广泛的尝试”[1]。

首先，恩格斯揭示了杜林主义产生的社会根源。恩格斯指出，杜林的新社会主义理论“是以某种新哲学体系的最终实际成果的形式出现的。因此，必须联系这个体系来研究这一理论，同时研究这一体系本身；必须跟着杜林先生进入一个广阔的领域”[2]。在当时的德国思想界，构建思辨体系已经形成一种恶劣风气。“最不起眼的哲学博士，甚至大学生，动辄就要创造一个完整的‘体系’。”[3] 而体系哲学恰恰是马克思主义诞生之前的旧哲学的普遍特征。诚然，任何哲学，肯定有其逻辑体系，不然便不能叫做世界观和方法论。但旧的体系哲学之所以成为一切科学理论所拒斥的对象，根本原因在于，它们都沿袭了以最为抽象的概念和思辨原则分析问题、解决问题的哲学模式，即抽象、片面的形而上学模式。杜林的大全体系，尽管以反体系哲学的面目出现，但仍不过是不同学科知识的大杂烩，是旧的体系哲学的翻版。而对抽象体系本身的批判，在形式上就会给人造成一种印象，批判的目的在于制造一个新的概念体系。因此，出于批判杜林主义的现实需要，同时也为了与旧的体系哲学划清界限，恩格斯明确指出，“本书所批判的杜林先生的‘体系’涉及非常广泛的理论领域，这使我不能不跟着他到处跑，并以自己的见解去反驳他的见解”[4]。但这本书的目的“并不是以另一个体系去同杜林先生的‘体系’相对立”[5]，“如果在那些我最多只能以涉猎者的资格发表看法的领域里我不得不跟着杜林先生走，那么这不是我的过错。在这种情况下，我大多只是限于举出确切的、无可争辩的事实去反驳我的论敌的错误的或歪曲的论断。在法学上以及在自然科学的某些问题上，我就是这样做的”[6]。因此，马克思主义的思想体系，与杜林体系在本质上是根本对立的。

其次，恩格斯强有力地批判了杜林主义伪科学的本质。恩格斯指出：“所谓科学自由，就是人们可以撰写他们所没有学过的一切，而且这被冒充为唯一的严格科学的方法。杜林先生正是这种放肆的伪科学的最典型的代表之一，这种伪科学现在在德国到处流行，并把一切淹没在它的高超的胡说的喧嚷声中。”[7] 恩格斯之所以把杜林作为伪科学的最典型，一方面是因为他的妄自尊大，另一方面是因为他的思辨虚构。无论是在自然观方面，还是在社会历史观方面，无论是他对社会主义的认识，还是对无产阶级革命的理解，杜林体系“以‘科学’自炫但对这种科学又‘确实什么也没有学到’”[8]。显而易见，如果以这样一种思想来指导无产阶级革命，则具有巨大的危害性。正如恩格斯所指出的，“这是一种幼稚病”的表现。

最后，恩格斯揭示了确立科学世界观的重大现实意义和深远的历史意义。为了彻底消除杜林主义对工人阶级的消极影响，必须确立科学的世界观。恩格斯明确指出：“希望读者不要忽略我所提出的各种见解之间的内在联系。”[9] 这就是说，“消极的批判变成了积极的批判；论战转变成对马克思和我所主张的辩证方法和共产主义世界观的比较连贯的阐述，而这一阐述包括了相当多的领域”[10]。恩格斯进一步揭示，现代自然科学发展已经到了无法回避辩证综合的阶段。“单是把大量积累的、纯经验的发现加以系统化的必要性，就会迫使理论自然科学发生革命，这场革命必然使最顽固的经验主义者也日益意识到自然过程的辩证性质。”[11] 唯物主义的世界观作为科学的世界观，就是需要运用最新的科学成果，从社会历史发展的现实出发，“把自觉的辩证法从德国唯心主义哲学中拯救出来并运用于唯物主义的自然观和历史观”[12]。因为对于马克思主义而言，“事情不在于把辩证法规律硬塞进自然界，而在于从自然界中找出这些规律并从自然界出发加以阐发”[13]。

在《引论》部分，恩格斯通过评述社会主义理论产生的社会历史条件，阐明了唯物辩证法和唯物史观与各种唯心史观以及形而上学思维方式的本质区别，第一次明确提出了马克思创立的唯物史观和剩余价值理论，使社会主义从空想变成了科学。

在恩格斯看来，作为考察现代社会中普遍存在的资产者和雇佣工人之间的阶级对立，以及生产中普遍存在的无政府状态的思想理论，社会主义思潮从理论到实践不断走向成熟、走向科学化的发展道路并非一帆风顺。历史上，卢梭、爱尔维修等 18 世纪法国的启蒙思想家就对社会发展、进步和人类理想的生活状态做过探讨。他们认为，社会进步是可能的、必然的，进步的根据就在于普遍理性，抑或善良的公共意志。这样一来，“思维着的知性成了衡量一切的唯一尺度”[14]。也就是说，启蒙思想家由于无法回答“普遍理性、善良意志从哪里来的”、“主观精神、抽象概念又如何能够影响物质现实”等问题，而只能依靠抽象理性、永恒正义，建起一套空洞无力的说辞，并不能提供更多关于历史发展的实际内容。因此，启蒙思想家所追求的永恒正义，在现实中并不存在。其所崇拜的理性王国，归根到底不过是资产阶级的理想化的王国。这是时代造成的限制和束缚，思想者并不能超越自己的时代。正如恩格斯所言，“伴随着一个还没有成熟的阶级的这些革命暴动，产生了相应的理论表现”[15]。圣西门、傅立叶和欧文等空想社会主义者的思想是这种理论发展的重要阶段。空想社会主义者把批判的矛头指向了阶级差别，追求真正的社会平等，他们的原则超越了启蒙学者。但他们把历史进步的希望寄托在个别天才人物的出现，这样一来，社会发展就成了纯粹偶然的事情。这种唯心史观，在很大程度上制约着人们的社会主义观念。因为这里的社会主义仍然是绝对理性、正义的表现。而在英国、法国及德国逐渐流行起来的不同的社会主义思潮中，对这些绝对理性、正义的理解又各不相同。于是，解决问题的办法就是相互批判和消解，由此得出一种折中的不伦不类的社会主义。它是“由各学派创始人的比较温和的批判性言论、经济学原理和关于未来社会的观念组成的色调极为复杂的混合物”[16]。

恩格斯一语道破了问题的真谛：“为了使社会主义变为科学，就必须首先把它置于现实的基础之上。”[17] 置于现实的基础之上，就是坚持、贯彻科学的唯物主义立场、方法，彻底实现世界观的变革，从现实生活说明现实生活本身。只有这样，社会主义才可能成为科学。这是因为，社会主义是来自现实社会的现实运动。对社会主义的理性思考，只不过是这一物质过程的观念表现。社会主义理论的成熟，虽然离不开对已有思想材料的扬弃，根本上还是有赖于社会经济状况、阶级状况的发展程度。当社会经济发展到一定水平，相关思想材料基本具备的时候，只要人们的世界观能够走出抽象体系的束缚，直面活生生的现实社会，这一目标、任务就能成功实现。

恩格斯深知，现代社会主义的发展，日益呼唤科学的、辩证的唯物主义世界观。因此，他简要描述了此类世界观的发展过程。在朴素唯物主义那里，人们往往倾向于以联系和相互作用的观念把握世界。如赫拉克利特，就是古代辩证法思维的典范。随着近代科学尤其是自然科学的兴起，分门别类逐渐成为一种习惯，相应地，片面地、孤立地看待事物的形而上学思维就开始形成。但进一步来看，科学的发展还要由分析走向综合，用更为全面地、辩证地眼光看待世界的运动变化。归根到底，物质世界的运动本身就是辩证的。恩格斯指出:“这在黑格尔的体系中完成了，在这个体系中，黑格尔第一次——这是他的伟大功绩——把整个自然的、历史的和精神的世界描写为一个过程，即把它描写为处在不断的运动、变化、转变和发展中，并企图揭示这种运动和发展的内在联系。”[18] 尽管如此，黑格尔的学说包含着一个内在矛盾。一方面，“它以历史的观点作为基本前提，即把人类的历史看作一个发展过程，这个过程按其本性来说在认识上是不能由于所谓绝对真理的发现而结束的；但是另一方面，它又硬说它自己就是这种绝对真理的化身”[19]。解决问题的方式、出路，其实已经昭然若揭:“现代唯物主义把历史看做人类的发展过程，而它的任务就在于发现这个过程的运动规律。”[20]

恩格斯总结性地指出:“现代唯物主义本质上都是辩证的，而且不再需要任何凌驾于其他科学之上的哲学了。一旦对每一门科学都提出要求，要它们弄清它们自己在事物以及关于事物的知识的总联系中的地位，关于总联系的任何特殊科学就是多余的了。于是，在以往的全部哲学中仍然独立存在的，就只有关于思维及其规律的学说——形式逻辑和辩证法。其他一切都归到关于自然和历史的实证科学中去了。”[21]

恩格斯强调，在历史观方面，新的事实强迫人们对以往的历史作一番新的研究。以往的社会主义并不知道物质利益、阶级斗争本身，生产和经济关系只是当做文化史的从属因素来看待。而马克思主义则认为:“每一时代的社会经济结构形成现实基础，每一个历史时期的由法的设施和政治设施以及宗教的、哲学的和其他的观念形式所构成的全部上层建筑，归根到底都应由这个基础来说明。这样一来，唯心主义从它的最后的避难所即历史观中被驱逐出去了，一种唯物主义的历史观被提出来了，用人们的存在说明他们的意识，而不是像以往那样用人们的意识说明他们的存在这样一条道路已经找到了。”[22]

恩格斯明确指出，以往的社会主义与唯物史观之所以不相容，就在于它们只知道一味批判资本主义的消极属性，却不能说明资本主义生产方式这一本质属性。唯物史观对资本主义生产方式发展规律的科学说明，由于剩余价值的发现而得到最终完成。唯物史观和剩余价值理论，这两个伟大发现，都应当归功于马克思。“由于这两个发现，社会主义变成了科学。”[23] 现在首先要做的，就是“对这门科学的一切细节和联系作进一步的探讨”[24]。

事实胜于雄辩。与马克思、恩格斯的科学社会主义的思想形成鲜明对照的是，恩格斯在《引论》第二部分中，特意列举了“杜林先生许下的诺言”。在这些“诺言”中，除了杜林对德国古典哲学家、空想社会主义思想先驱、达尔文、马克思等人的思想别有用心地进行无端攻击和谩骂之外，只剩下了“把自己说成是当代和‘可以预见的’未来的唯一真正的哲学家。谁同他不一致，谁就违背真理”，而且还是违背“最后的终极的真理”[25]。杜林精神上的渺小和思想上的狂妄，由此可见一斑。

总之，批判杜林主义是十分重要和必要的，而把马克思主义的基本立场、观点和方法贯彻、运用于无产阶级的解放实践，则具有更为根本的意义。因此，掌握科学的、唯物主义的辩证思维方法，才是问题的关键所在。

【本章注释】

[1] [美] 特雷尔·卡弗：《马克思与恩格斯：学术思想关系》，姜海波、王贵贤等译，中国人民大学出版社 2008 年版，第 109 页。

[2]《马克思恩格斯文集》第9卷，人民出版社2009年版，第8页。

[3]《马克思恩格斯文集》第9卷，人民出版社2009年版，第8页。

[4]《马克思恩格斯文集》第9卷，人民出版社2009年版，第10页—第11页。

[5]《马克思恩格斯文集》第9卷，人民出版社2009年版，第8页。

[6]《马克思恩格斯文集》第9卷，人民出版社2009年版，第9页。

[7]《马克思恩格斯文集》第9卷，人民出版社2009年版，第8页。

[8]《马克思恩格斯文集》第9卷，人民出版社2009年版，第8页。

[9]《马克思恩格斯文集》第9卷，人民出版社2009年版，第8页。

[10]《马克思恩格斯文集》第9卷，人民出版社2009年版，第11页。

[11]《马克思恩格斯文集》第9卷，人民出版社2009年版，第15页。

[12]《马克思恩格斯文集》第9卷，人民出版社2009年版，第13页。

[13]《马克思恩格斯文集》第9卷，人民出版社2009年版，第15页。

[14]《马克思恩格斯文集》第9卷，人民出版社2009年版，第20页。

[15]《马克思恩格斯文集》第9卷，人民出版社2009年版，第21页。

[16]《马克思恩格斯文集》第9卷，人民出版社2009年版，第22页。

[17]《马克思恩格斯文集》第9卷，人民出版社2009年版，第22页。

[18]《马克思恩格斯文集》第9卷，人民出版社2009年版，第26页。

[19]《马克思恩格斯文集》第9卷，人民出版社2009年版，第27页。

[20]《马克思恩格斯文集》第9卷，人民出版社2009年版，第28页。

[21]《马克思恩格斯文集》第9卷，人民出版社2009年版，第28页。

[22]《马克思恩格斯文集》第9卷，人民出版社2009年版，第29页。

[23]《马克思恩格斯文集》第9卷，人民出版社2009年版，第30页。

[24]《马克思恩格斯文集》第9卷，人民出版社2009年版，第30页。

[25]《马克思恩格斯文集》第9卷，人民出版社2009年版，第32页。

第三章 马克思主义哲学观——哲学编

《马克思恩格斯文集》第 9 卷

恩格斯深知，彻底戳穿杜林哲学世界观的实质，不仅是批判杜林主义的首要工作，而且对于把德国工人阶级的思想完全统一到马克思主义立场上，具有特别重要的意义。因此，在《反杜林论》哲学编中，恩格斯在有力地驳斥了杜林哲学“一般的世界模式论，关于自然原则的学说，以及最后关于人的学说”的基础上，系统阐明了辩证唯物主义的自然观、认识论、辩证法和历史观。

一 | 先验主义批判：体系哲学的破产

在《反杜林论》哲学编第三章“分类。先验主义”中，恩格斯首先从“思维和存在的关系”这一哲学基本问题入手，揭示了唯物主义与唯心主义两种世界观的本质区别。

恩格斯指出，杜林“把从思维中引出的永恒原则当作哲学研究的出发点并从这些原则中构造现实世界”的这种做法，是典型的唯心主义的观点。因为按照这种世界观，相比于人们感觉到的世界，与人的生存密切相关的世界，其本质、原则无论在时间和地位上反倒是优先存在的。这就是说，诸如花鸟虫鱼、车水马龙等并不可靠，而关于这些感性事物的抽象概念才是真实的，而且是唯一真实的。这种观点不仅违反了基本常识，而且混淆或取消了认识的客观基础，因而是错误的。在马克思主义看来，“原则不是研究的出发点，而是它的最终结果；这些原则不是被应用于自然界和人类历史，而是从它们中抽象出来的；不是自然界和人类去适应原则，而是原则只有在符合自然界和历史的情况下才是正确的”[1]。“这是对事物的唯一唯物主义的观点，而杜林先生的相反的观点是唯心主义的，它把事物完全头足倒置了。”[2]

恩格斯指出：“关于这种一般世界模式论、关于这种存在的形式原则的科学，正是杜林先生的哲学的基础。”[3]而按照杜林式的“一般世界模式论”和“存在的形式原则”，其大全体系一旦建构完毕，就意味着科学问题、认识问题的最终解决。这无异于封闭了一切科学的发展道路。因为“这种包括世界各种联系——无论是物质的或者是精神的和历史的——的最终完成的体系建立起来了，那么，人的认识的领域就从此完结，而且从社会按照那个体系来安排的时候起，未来的历史的进一步发展就中断了”[4]。针对这一错误立场，恩格斯进一步强调，“如果世界模式论不是从头脑中，而仅仅是通过头脑从现实世界中得来的，如果存在的基本原则是从实际存在的事物中得来的，那么为此我们所需要的就不是哲学，而是关于世界和世界中所发生的事情的实证知识；由此产生的也不是哲学，而是实证科学”[5]。“既然这样的哲学已不再需要，那么任何体系，甚至哲学的自然体系也就不再需要了。”[6]因此，恩格斯的这一论断，可以说发动了一场真正的哲学革命。因为马克思主义之前的旧哲学，都是以体系哲学为基本特征的。这源于古希腊哲学家亚里士多德对哲学的概括，在他那里，哲学作为知识总汇，是关于“科学的科学”。亚里士多德将人类知识分为三类：理论科学、实践科学和技术科学。而哲学作为“物理学之后”，在理论科学中处于核心地位。作为形而上学，它追求对现实的终极理解，用最为抽象的概念来把握世界，并建立终极有效的思辨体系。这种理解模式对后世影响很大。体系哲学在德国哲学家黑格尔这里达到了一个前所未有的顶峰，他用抽象至极的纯哲学概念，建构了一个囊括几乎所有知识学科在内的大全体系。

恩格斯在这里说明了两个意思。其一，体系哲学应该终结了，真正的哲学变成了科学的唯物主义立场、方法。近代自然科学的发展，已经使得抽象体系的空洞建构没有存在的必要。哲学可以通过反思科学成果，发现辩证法的新形式，并完善其形态，而不必越俎代庖、独断专行。其二，作为现代唯物主义，新哲学不能不关注自然界和人类社会，不能不为人类解放寻求可行途径。一旦给社会历史及其发展以彻底的说明，新哲学就成了一种理论概括，归根到底它就是从这种概括中来的。它的功用、使命，就在于发现社会历史自身的秘密，确立科学的世界观及其方法论，反过来再直接用于审视、考察外部物质生活本身。

恩格斯以数学为例，详细说明了杜林的唯心主义先验论的荒谬性。从表面上看，数学似乎是先验性的，属于认识和思维的能动性的产物。但只要不是故意遮蔽事实，就必须承认，数学的客观性并不是在于它们是纯粹思维能力的产物。归根到底，“和其他各门科学一样，数学是从人的需要中产生的，如丈量土地和测量容积，计算时间和制造器械。但是，正像在其他一切思维领域中一样，从现实世界抽象出来的规律，在一定的发展阶段上就和现实世界脱离，并且作为某种独立的东西，作为世界必须遵循的外来的规律而同现实世界相对立”[7]。因此，数学的相对独立性固然不可否认，但它能够成功地应用于世界，正是因为它本就来自于现实世界。杜林据此认为的“可以先从头脑中制造出存在的基本形式、一切知识的简单的成分、哲学的公理，再从它们中推导出全部哲学或世界模式论，并把自己的这一宪法钦定赐给自然界和人类世界”[8]，自然也就不攻自破了。

二 世界模式论批判：世界统一于物质而非存在

在《反杜林论》哲学编第四章“世界模式论”中，恩格斯确立了辩证唯物主义世界观的根本原则。

在恩格斯看来，由于杜林割裂数学与现实世界的联系，并没有增加其说服力，因而他关于“世界的存在原则”的论述，只能求助于抽象的存在所达至的统一性。正如恩格斯所概括的，一方面，杜林认为，“包罗万象的存在是唯一的。由于它是自满自足的，因而没有任何东西同它并列或在它上面。……但是任何东西也不能脱离这个思想统一体……一切思维的本质就在于把意识的要素联合为一个统一体……不可分割的世界概念正是通过这种综合的统一体产生的，而宇宙，就像这个词本身所表明的，被认为是万物在其中联合为一个统一体的东西”。另一方面，“杜林先生就借助‘我们的统一思想’，把存在的唯一性变成它的统一性了。因为一切思维的本质都在于把事物综合为一个统一体，所以，存在一旦被思考，就被思考为统一的东西，世界概念就成为不可分割的；又因为被思考的存在、世界概念是统一的，所以现实的存在、现实的世界也是不可分割的统一体”。毫无疑问，这是一种认识上的独断。因为思维既然可以把相互联系的要素联合为一个统一体，同样也就可以把意识的对象分解为它们的要素。“没有分析就没有综合”。而问题的真正关键在于，“思维，如果它不做蠢事的话，只能把这样一些意识的要素综合为一个统一体，在这些意识的要素中或者在它们的现实原型中，这个统一体以前就已经存在了。世界的统一性并不在于它的存在，尽管世界的存在是它的统一性的前提，因为世界必须先存在，然后才能是统一的”[9]。由于从其先验主义立场出发，杜林的存在是一个空洞无比的哲学概念，他的世界的统一性也完全是他的精神想象的产物，因而这些问题反倒被置于科学的视野之外，“存在甚至完全是一个悬而未决的问题”。

通过全面批判杜林的世界模式论，恩格斯指出：“世界的真正的统一性在于它的物质性，而这种物质性不是由魔术师的三两句话所证明的，而是由哲学和自然科学的长期的和持续的发展所证明的。”[10] 无论是自然界还是人类社会，“当我们说到存在，并且仅仅说到存在的时候，统一性只能在于：我们所说的一切对象是存在的、实有的”[11]。

三 时间和空间与物质的辩证运动

在《反杜林论》哲学编第五章“自然哲学。时间和空间”中，恩格斯通过戳穿杜林时空观的荒谬性，进一步论证了辩证唯物主义的科学性。

在恩格斯看来，唯物主义与唯心主义在世界观上的对立，不仅体现在关于“世界是什么”的判断上，同样也体现在对“世界是怎么样”的认识中。例如，同样是根据康德的“二律背反”，有些人得到了关于世界的辩证的认识，而杜林由于害怕矛盾，只能得出荒谬可笑的结论，即认为，如果不预先设置一个开端，就无法证明世界的统一性，因为时空的无限性只能用数的序列方法来推导。恩格斯指出，如果没有数学上运用无限序列的习惯，这种错觉就不可能有了。因为“如果我们把时间想象为一种从一数起的序列或从某一点延伸出去的线，那么我们就是事先说时间是有开端的”[12]，这就把要证明的东西当成了前提。而更深层的根本原因在于，“杜林先生永远做不到没有矛盾地思考现实的无限性。无限性是一个矛盾，而且充满矛盾。无限纯粹是由有限组成的，这已经是矛盾，可是事情就是这样。物质世界的有限性所引起的矛盾，并不比它的无限性所引起的少，正像我们已经看到的，任何消除这些矛盾的尝试都会引起新的更糟糕的矛盾。正因为无限性是矛盾，所以它是无限的、在时间上和空间上无止境地展开的过程。如果矛盾消灭了，那无限性就终结了”[13]。在这里，我们应当看到，唯物辩证法所说的时间上和空间上的无限性，与有限性不是截然对立的，而是辩证统一的。也就是说，辩证的无限性是以有限性的无限运动、变化、发展为前提的。由于“时间和空间是一切存在的基本形式”，因此，任何一种感性事物都属于有限存在，空间有边界，时间有起止，但无数感性事物及其发展的总和则通向无限。

杜林时空观的荒谬与其运动观的错误是紧密联系在一起的。在他看来，世界源自某种自身等同状态，即物质与机械力的统一，这种状态是静止的、稳定的。问题在于，如何使这种原初的状态动起来呢？因为“如果世界曾经处于一种绝对不发生任何变化的状态，那么，它怎么能从这一状态转到变化呢？绝对没有变化的、而且从来就处于这种状态的东西，不能靠它自己走出这种状态而转入运动和变化的状态。因此，必须从外部、从世界之外来一个第一推动，才会使世界运动起来。可是大家知道，‘第一推动’只是代表上帝的另一种说法。按照杜林的形而上学思维，显然只能依靠外力推动”[14]。这样一来，“杜林先生在自己的世界模式论中佯称已经干干净净地扫除了上帝和彼岸世界，在这里他自己又把二者加以尖锐化和深化，重新带进自然哲学”[15]。

除了荒唐的“第一推动”，恩格斯更是逐条反驳了杜林的运动观。第一，针对杜林提出的“存在链条上的任何最小的环节向后一个环节的转变”导致运动的说法，恩格斯指出，这实际上是“让运动从不动中，也就是从虚无中产生”。第二，针对杜林所谓“连续性的桥”的概念，恩格斯指出，“可惜，不动的连续性就是不运动；所以如何借助它来产生运动，这就比以前更神秘了。无论杜林先生把他的从没有运动到普遍运动的转变分成多少无限小的部分，无论他给这种转变以多长的持续时间，我们还是没有从原地前进万分之一毫米”。第三，恩格斯指出，即使按照现代力学的思维方式，也“完全不能说明怎样从不动转到运动”，因为“机械的热理论告诉我们，物体运动在一定条件下转化为分子运动（虽然在这里运动也是从另一种运动中产生的，但决不是从不动中产生的）”[16]。这样一来，杜林自然观的非科学性已昭然若揭了。

四 | 世界的物质演化

在《反杜林论》哲学编第六章“自然哲学。天体演化学，物理学，化学”中，恩格斯结合对康德“星云假说”的分析，对杜林运动观的认识根源进行了彻底剖析。

恩格斯认为，“康德关于所有现在的天体都从旋转的星云团产生的学说”，尽管还是一个假说，但它仍然“是从哥白尼以来天文学取得的最大进步”，因为它第一次用科学的方法动摇了“认为自然界在时间上没有任何历史的那种观念”[17]。可见，康德“星云假说”显然不能符合杜林所谓的“物质的自身等同的原始状态”即“被称为物质和机械力的统一”的要求。因为如此说来，“自身等同的状态既不是静态的，也不是动态的，既不处在平衡中，也不处在运动中”[18]。这就给杜林体系带来了更大程度上的困惑。究其根源，还在于“杜林先生把运动归结为机械力这样一种所谓的运动的基本形式，这就使他不可能理解物质和运动之间的真实联系”[19]。对此，恩格斯提出“没有物质的运动和没有运动的物质都是不可想象的。因此，运动和物质本身一样，是既不能创造也不能消灭的”[20]。运动即物质的存在方式。现实事物无不处于运动之中，现实事物的区别不在于运动与否，而在于运动的方式、形式如何。物质世界从来是丰富多样的，不同的事物始终处于普遍联系、相互作用之中，造成并推动着世界的运动变化。物质的运动并不是无主体、无基础式的纯粹变化。运动是绝对的，物质的运动以“它的对立面即静止作为自己的量度”[21]，“任何静止、任何平衡都只是相对的，只有对这种或那种特定的运动形式来说才是有意义的”。离开相对静止，事物的运动是无法得到准确理解的。

恩格斯指出：“运动是物质的存在方式。无论何时何地，都没有也不可能有没有运动的物质。宇宙空间中的运动，各个天体上较小的物体的机械运动，表现为热或者表现为电流或磁流的分子振动，化学的分解和化合，有机生命——宇宙中的每一个物质原子在每一瞬间都处在一种或另一种上述运动形式中，或者同时处在数种上述运动形式中。”[22] 恩格斯根据能量守恒与转化定律，进一步说明了“想说明运动从不动中产生，或者想找到一座桥，使纯粹的静态、静止通过它而自行转入动态、转入运动的一切尝试，是不可能实现的”[23]。总之，“物质既不能创造又不能消灭，物质的单纯组成部分（正由于物质是由它们构成的）既不能创造又不能消灭，以及运动既不能创造又不能消灭”。对于这些世人皆知的道理，杜林给出的解释，只能带来更多的混乱。

五｜进化论的科学意义

在《反杜林论》哲学编第七章“自然哲学。有机界”中，恩格斯通过对杜林主义的批判，揭示了达尔文的生物进化论的科学意义和哲学意义，进一步丰富和发展了辩证唯物主义世界观。

恩格斯充分利用当时最新的科学成果，系统地说明了无论是物理运动还是化学运动，都无法帮助杜林摆脱困境。而杜林关于有机界的科学问题的讨论，同样是错误百出。在恩格斯看来，杜林在这方面的第一个错误，是抄袭了黑格尔的目的论。“目的概念帮助杜林先生在概念上转到有机界。这又是从黑格尔那里抄来的，黑格尔在《逻辑学》中——在概念论中——借助于目的论或关于目的的学说从化学机理转到了生命。”[24]

在对于有机界的科学认识方面，杜林所犯的最大错误，是对达尔文的生物进化论的粗暴批评。“说他把马尔萨斯的人口论从经济学搬进自然科学，说他拘泥于牲畜饲养者的观念，说他用生存斗争来从事不科学的半诗，说整个达尔文主义除了从拉马克那里抄来的东西以外，只是一种与人性对抗的兽性。”[25] 恩格斯以其对进化论的科学理解为基础，深刻地指出，达尔文的生物进化论，是近代科学的伟大发现，它如实揭示了生物进化规律。

首先，达尔文的生物进化论，彻底改变了“物种不变”的传统观念。他通过科学实验，使“物种在一定程度上的变异性得到了证实，另一方面，具有异种特征的有机体可能有共同的祖先这一点也得到了证实”[26]。其次，他科学地说明了“物种就这样通过自然选择、通过适者生存而发生变异”。最后，以自然选择为基础，“物种变异被看做适应和遗传相互作用的结果，在这里适应被认为是过程中引起变异的方面，遗传被认为是过程中保存变异的方面”[27]。

恩格斯强调指出，杜林“如此激烈反对的那种没有自觉意图、没有观念中介的适应”，其根本原因在于，他念念不忘他所谓的“目的”。而唯物主义与唯心主义最大的区别就在于，唯物主义不承认自然界运动是由外在目的支配的，但事物运动的合目的性则是客观存在的。“如果雨蛙和食叶昆虫是绿色的，沙漠中的动物是沙黄色的，两极的动物主要是雪白色的，那么它们肯定不是有意识地或按照某种观念获得这些颜色的；相反，这些颜色只能从物理力和化学动因来说明。但是总不能否认，这些动物正是由于那些颜色才能合目的地适应它们所生存的环境，而且正因为如此，它们才变得不易被自己的敌人发现。”[28] 显而易见，这里的合目的性，是对生存环境与个体性征的相互适应关系的客观描述。

可见，自然选择、生存竞争，是对有机界客观规律的科学说明。它用事实告诉人们，个体进化与其生存环境始终是相互作用、相互改变的。“在这一斗争中，凡是拥有某种尽管是微不足道的但是有利于生存斗争的个别特质的个体，都最有希望达到成熟和繁殖。这些个别特质因此就有了遗传下去的趋势，如果这些特质在同种的许多个体中发生，那么，它们还会通过累积的遗传按既定的方向加强起来；而没有这种特质的个体就比较容易在生存斗争中死去，并且逐渐消失。物种就这样通过自然选择、通过适者生存而发生变异。”[29] 因此，杜林对于达尔文的生物进化论的攻击，只能表明他的无知和浅薄。

六 | 关于生命本质的科学说明

在《反杜林论》哲学编第八章“自然哲学。有机界（续完）”中，恩格斯根据德国科学家施莱登、施旺在当时刚刚创立的细胞学说，针对杜林的错误思想，确立了关于生命起源和生命本质的科学结论。

首先，恩格斯批判了杜林关于基本生命现象认识的谬见。按照杜林的说法，“在关于生物的学说（生物学）中今后应当用组合去代替发育”。这实际上是形而上学机械论和还原论的思想在作祟。恩格斯进一步阐明“一切有机体，除了最低级的以外，都是由细胞构成的”[30]。“简言之，所有的组织，不是由细胞组成就是由细胞形成的。”[31] 而对细胞分裂运动的认识，使得对生命现象的科学理解成为可能。

其次，恩格斯批判了杜林的生命本质观。由于杜林无视当时生命科学的最新成果，试图“通过起塑造作用的模式化而进行的新陈代谢，总是真正的生命过程独具的特性”来概括生命的本质，得到的结果却是“四个完全互相矛盾的生命标志”[32]。对此，恩格斯强调，“近 30 年来，生理化学家和化学生理学家已经无数次地说过，有机体的新陈代谢是生命的最一般的和最显著的现象，而在这里杜林先生把这话干脆翻译成他自己的优雅而清晰的语句。但是，如果规定生命就是有机体的新陈代谢，这就等于规定生命就是生命”[33]。杜林的解释并没有使我们前进一步。化学的发展已经证实，新陈代谢即使没有生命也可以发生，因此，脱离这一科学基础所建立的任何关于生命本质的新的解释，都是非科学的。

最后，恩格斯对生命的物质基础，作出了科学阐释：“关于生命的起源，自然科学到目前为止能明确地断定的只是：生命的起源必然是通过化学的途径实现的。”[34]这一科学预见，已经被 20 世纪 50 年代著名的“米勒实验”所证实。恩格斯提出，“无论在什么地方，只要我们遇到生命，我们就发现生命是和某种蛋白体相联系的，而且无论在什么地方，只要我们遇到不处于分解过程中的蛋白体，我们也无例外地发现生命现象”[35]。“生命是蛋白体的存在方式，这种存在方式本质上就在于这些蛋白体的化学成分的不断的自我更新。”[36]“蛋白体从自己周围摄取其他有用的物质，把它们同化，而体内其他比较老的部分则分解并且被排泄掉。”[37]这意味着，生命“首先在于：蛋白体在每一瞬间既是它自身，同时又是别的东西”[38]，“即通过摄食和排泄来实现的新陈代谢，是一种自我完成的过程，这种过程是它的体现者——蛋白质所固有的、生来就具备的”[39]。可以说，恩格斯的这些结论，作为对当时生命科学发展成就的科学总结，排除了对于生命现象及其本质认识的神秘色彩，在彻底揭穿了杜林的荒唐见解的同时，树立了“与时俱进”、随着现代科学发展而发展的辩证唯物主义的世界观和方法论。而恩格斯的这些科学思想和哲学理念，也被 20 世纪生命科学从 DNA 双螺旋模型的发现到当代基因工程和克隆技术的不断发展一再证实。

七 关于道德、正义观念的真理性认识及其辩证规律

在《反杜林论》哲学编第九章“道德和法。永恒真理”中，恩格斯不仅确立了关于道德、平等观念的科学认识，更为重要的是揭示了关于真理性认识的辩证法。

恩格斯指出，杜林哲学之所以对自然观作了一番虚构，其根本目的在于构建终极真理、永恒道德、永恒正义。因为按照他的逻辑，“如果先确定了杜林的道德观和正义观适用于一切世界，那就可以比较容易地把它们的适用性有益地扩展到一切时代。而这里谈的又不折不扣的是关于最后的终极的真理的问题”[40]。因此，必须明确对杜林的真理观及其实质的认识，才能看清他的道德观、平等观的实质。

恩格斯承认，在其“最后的终极的真理、思维的至上性、认识的绝对可靠性等等的所有这些华丽的词句”的掩盖下，杜林的真理观极具欺骗性。然而，当杜林宣称作为永恒的真理的“道德的原则凌驾于‘历史之上和现今的民族特性的差别之上’”[41]时，其真理观的毛病就完全暴露无遗。因为一谈到终极真理和永恒道德、永恒正义，就不可避免“遇到了这样一个问题：人的认识的产物究竟能否具有至上的意义和无条件的真理权，如果能有，那么是哪些产物”[42]。对于这个问题，恩格斯给出了科学的回答。他指出，人的思维，“只是作为无数亿过去、现在和未来的人的个人思维而存在”。“思维的至上性是在一系列非常不至上地思维着的人中实现的；拥有无条件的真理权的认识是在一系列相对的谬误中实现的；二者都只有通过人类生活的无限延续才能完全实现。”[43]人的思维是至上的，同样又是不至上的。“它的认识能力是无限的，同样又是有限的。按它的本

性、使命、可能和历史的终极目的来说，是至上的和无限的；按它的个别实现情况和每次的现实来说，又是不至上的和有限的。”[44] 只要对问题本身加以辩证地思考，所谓终极真理、永恒体系等等便会丧失其存在的意义。

恩格斯进一步指出:“永恒真理的情况也是一样。如果人类在某个时候达到了只运用永恒真理，只运用具有至上意义和无条件真理权的思维成果的地步，那么人类或许就到达了这样的一点，在那里，知识世界的无限性就现实和可能而言都穷尽了，从而就实现了可以计数的数不尽的数这一著名的奇迹。”[45] 当然，恩格斯并不否认，存在着诸如“二乘二等于四,三角形三内角的和等于 180 度，巴黎在法国，人不吃饭就会饿死，等等”[46] 毋庸置疑的真理。但这不过是“有人喜欢对极简单的事物使用大字眼”罢了。因为即使在数学、天文学、力学、物理学、化学等所谓精密科学中，也“决不是一切成果都是如此”。“由于变数的应用以及它的可变性被推广于无限小和无限大，一向非常循规蹈矩的数学犯了原罪；它吃了智慧果，这为它开辟了获得最大成就但也造成谬误的道路。数学上的一切东西的绝对适用性、不可争辩的确证性的童贞状态一去不复返了。”[47] 而在“研究活的有机体的科学”中，“展现出如此错综复杂的相互关系和因果联系，以致不仅每个已经解决的问题都引起无数的新问题，而且每一个问题也多半都只能一点一点地、通过一系列常常需要花几百年时间的研究才能得到解决；此外，对各种相互联系作系统理解的需要，总是一再迫使我们在最后的终极的真理的周围造起茂密的假说之林”[48]。例如，“像哺乳动物的血液循环这样简单的事实，需要经历从盖仑到马尔比基之间的多么长的一系列中间阶段”。而在“在按历史顺序和现今结果来研究人的生活条件、社会关系、法的形式和国家形式及其由哲学、宗教、艺术等等组成的观念上层建筑的历史科学中，永恒真理的情况还更糟”[49]。“因此，我们在人类历史领域中的科学比在生物学领域中的科学还要落后得多；不仅如此，如果一旦例外地能够认识到某一时代的社会存在形式和政治存在形式的内在联系，那么这照例是发生在这些形式已经半衰退和濒于瓦解的时候。因此，在这里认识在本质上是相对的，因为它只限于了解只存在于一定时代和一定民族中的，而且按其本性来说是暂时的一定社会形式和国家形式的联系和结果。因此，谁要在这里猎取最后的终极的真理，猎取真正的、根本不变的真理，那么他是不会有什么收获的，除非是一些陈词滥调和老生常谈，例如，人一般地说不劳动就不能生活，人直到现在总是分为统治者和被统治者，拿破仑死于 1821 年 5 月 5 日，如此等等。”[50]

恩格斯以波义耳定律为例，明确提出了认识真理与谬误的辩证法。根据波义耳定律，在温度不变的情况下，气体的体积和它所受的压力成反比。但当压力接近液化开始的那一点时，它就失去了效力。波义耳定律的正确性，只在特定的范围内才有意义。如果说真理是“绝对”的，世界上存在绝对真理，也只是就真理本身正确地反映了特定范围、条件下事物的运动规律——这一点而言才是可以的。因此，“真理和谬误，正如一切在两极对立中运动的逻辑范畴一样，只是在非常有限的领域内才具有绝对的意义”；但“如果我们企图在这一领域之外把这种对立当作绝对有效的东西来应用，那我们就会完全遭到失败；对立的两极都向自己的对立面转化，真理变成谬误，谬误变成真理”[51]。

恩格斯进一步阐明：“如果说，在真理和谬误的问题上我们没有什么前进，那末在善和恶的问题上就更没有前进了。这一对立完全是在道德领域中，也就是在属于人类历史的领域中运动，在这里所播种的最后的、终极的真理恰恰是最稀少的。”因为所谓善恶、道德问题，作为人类历史的领域中的问题，始终受到社会经济、政治发展状况的制约。“在这里认识在本质上是相对的，因为它只限于了解只存在于一定时代和一定民族中的、而且按其本性来说是暂时的一定社会形式和国家形式的联系和结果。”[52]

恩格斯认为：“现代社会的三个阶级即封建贵族、资产阶级和无产阶级都各有自己的特殊的道德，那么我们由此只能得出这样的结论：人们自觉地或不自觉地，归根到底总是从他们阶级地位所依据的实际关系中——从他们进行生产和交换的经济关系中，获得自己的伦理观念。”[53]就是否合乎历史发展趋势而言，无产阶级道德无疑“拥有更多的能够长久保持的因素”[54]。如果说“在上述三种道德论中还是有一些对所有这三者来说都是共同的东西”的话，那是因为“这三种道德论代表同一历史发展的三个不同阶段，所以有共同的历史背景”，即都是阶级社会的产物。

恩格斯总结性地指出：“我们断定，一切以往的道德论归根到底都是当时的社会经济状况的产物。而社会直到现在是在阶级对立中运动的，所以道德始终是阶级的道德；它或者为统治阶级的统治和利益辩护，或者当被压迫阶级变得足够强大时，代表被压迫者对这个统治的反抗和他们的未来利益。没有人怀疑，在这里，在道德方面也和人类认识的所有其他部门一样，总的说是有过进步的。但是我们还没有越出阶级的道德。”[55]因此，正如终极真理不存在一样，超阶级的永恒的道德原则和规律也是不存在的。

八 | 关于平等观念的科学认识

在《反杜林论》哲学编第十章“道德和法。平等”中，恩格斯批判了杜林抽象的平等观，并以唯物史观为基础，确立了关于平等观念的科学认识。

在恩格斯看来，杜林的平等观，与其先验主义立场和形而上学思维方式是一脉相承的，那就是采用了构建抽象原则的方法。“这一方法是：不是从对象本身去认识某一对象的特性，而是从对象的概念中逻辑地推论出这些特性。首先，从对象构成对象的概念；然后颠倒过来，用对象的映象即概念去衡量对象。这时，不是概念应当和对象相适应，而是对象应当和概念相适应了。”[56] 按照这一方法，杜林独创了“两个人”模式。“两个人的意志，就其本身而言，是彼此完全平等的，而且一方不能一开始就向另一方提出任何肯定的要求。……为了阐发法的基本概念，我们只要有两个人的十分简单的和基本的关系就够了。”[57] 如果这也算哲学的严肃思考，那么社会历史就等同于儿戏。抽象至极的两个人，两个意志，“摆脱了一切现实，摆脱了地球上发生的一切民族的、经济的、政治的和宗教的关系，摆脱了一切性别和个人的特性，以致留在这两个人身上的除了人这个光秃秃的概念之外，再没有别的什么了”[58]。

恩格斯结合历史发展的具体现实，深入分析了杜林的抽象原则不仅根本无法解释和说明性别、精神、道德上的差异所造成的不平等，而且它本身实际上是对不平等的维护。恩格斯指出：“我们已经充分地看到：两个意志的完全平等，只是在这两个意志什么愿望也没有的时候才存在；一旦它们不再是抽象的人的意志而转为现实的个人的意志，转为两个现实的人的意志的时候，平等就完结了；一方面是幼稚、疯狂、所谓的兽性、设想的迷信、硬说的偏见、假定的无能，另一方面是想象的人性、对真理和科学的洞察力；总之，两个意志以及与之相伴的智慧在质量上的任何区别，都是为那种可以一直上升到压服的不平等辩护的。”[59] 因此，恩格斯明确提出，人们的平等观同样也是社会经济状况的产物。

恩格斯认为：“一切人，作为人来说，都有某些共同点，在这些共同点所及的范围内，他们是平等的，这样的观念自然是非常古老的。但是现代的平等要求与此完全不同；这种平等要求更应当是从人的这种共同特性中，从人就他们是人而言的这种平等中引申出这样的要求：一切人，或至少是一个国家的一切公民，或一个社会的一切成员，都应当有平等的政治地位和社会地位。要从这种相对平等的原始观念中得出国家和社会中的平等权利的结论，要使这个结论甚至能够成为某种自然而然的、不言而喻的东西，必然要经过而且确实已经经过了几千年。”[60] 在古代社会，如最古老的自然形成的公社那里，平等权利也只限于公社成员之间，妇女、奴隶和外地人就不在此列。在现代社会，平等权利首先则是针对商品占有、自由交换和订立契约而言的。随着现代民族国家的建立，资产阶级往往将自由和平等鼓吹成抽象的人权，基于人的本性而必然具备的权利。“同样地，资产阶级的平等要求也由无产阶级的平等要求伴随着。从消灭阶级特权的资产阶级要求提出的时候起，同时就出现了消灭阶级本身的无产阶级要求。”[61]“以资产阶级的平等论本身为依据了。无产阶级抓住了资产阶级的话柄：平等应当不仅仅是表面的，不仅仅在国家的领域中实行，它还应当是实际的，还应当在社会的、经济的领域中实行。”[62] 这正是无产阶级追求的社会平等，在消除了剥削、压迫基础上实现的人与人的彻底的完全的平等。

恩格斯总结道：“平等的观念，无论以资产阶级的形式出现，还是以无产阶级的形式出现，本身都是一种历史的产物，这一观念的形成，需要一定的历史条件，而这种历史条件本身又以长期的以往的历史为前提。”[63] 在这个意义上，杜林“具有公理式的真理性”“必然要流于荒谬”。

九 | 自由是对必然的认识

在《反杜林论》哲学编第十一章“道德和法。自由和必然”中，恩格斯通过批判杜林的空洞自由观，科学地说明了自由与必然的辩证关系。

恩格斯首先以雄辩的事实具体阐述了杜林在法律知识方面“对世界其他地方所发生的事情的极端无知的景象”，进而分析了这种无知的根源在于，“如果不谈所谓自由意志、人的责任能力、必然和自由的关系等问题，就不能很好地议论道德和法的问题”[64]。而在这些方面，杜林的表现同样差强人意。

杜林先是把自由理解为“认识和冲动、知性和非知性之间的平均值”[65]；在谈到自由与道德责任的关系时，他又把自由定义为“按照先天的和后天的知性对自觉动机的感受。所有这样的动机，尽管会觉察到行动中可能出现对立，总是以不可回避的自然规律性起着作用”。抛开他的自相矛盾不说，“它又只是对黑格尔观念的极端庸俗化”[66]。恩格斯指出，黑格尔的功绩就在于他“第一个正确地叙述了自由和必然之间的关系。在他看来，自由是对必然的认识。‘必然只是在它没有被了解的时候才是盲目的。’自由不在于幻想中摆脱自然规律而独立，而在于认识这些规律，从而能够有计划地使自然规律为一定的目的服务。……因此，意志自由只是借助于对事物的认识来作出决定的能力”[67]。也就是说，对自由的完整理解，必须将必然性包括在内。离开必然性、客观规律，单就自由论自由，是杜林式的抽象思路。这样的自由，超不出意志自由的范畴。而人类追求的自由、彻底的平等，不只是意志、精神上的，更是物质生活自身的解放，是现实的自由。这种自由的实现，必须以认识社会历史发展的必然性和利用对必然性的认识为人类目的服务为前提。必然性与自由，在逻辑上是互为前提的。就必然性来讲，意味着限制、约束；自由则是打破束缚。打破束缚的前提，是充分、全面认识必然性本身。当然，这并不是把自由仅仅归结为“对必然的认识”。自由肯定包括对必然的认识，不然，成功的实践便无从谈起。但仅仅认识了必然，显然无法直接在社会生活实现自由，因为这还需要物质力量的推动，即需要将必然性转化为普遍行动的能动实践。

恩格斯的概括，包含了两个层面的意思：认识规律本身和使之为人类的目的服务。恩格斯以火的利用和蒸汽机的发明为例，深入说明了“自由就在于根据对自然界的必然性的认识来支配我们自己和外部自然；因此它必然是历史发展的产物”[68]。社会主义之所以要成为科学，正是要认识资本主义社会的必然，进而找到实现人类解放的合理途径。

十 | 矛盾是辩证法的核心

在《反杜林论》哲学编第十二章“辩证法。量和质”中，恩格斯通过系统批判杜林的矛盾观，深入阐释了唯物辩证法的质量互变规律。

一般地说，矛盾的观点是唯物辩证法首要的和基本的观点。是否承认矛盾的客观性，可以看做是唯物辩证法与形而上学思维方式的根本区别。而在这些方面，杜林哲学无一例外地选择了敌视辩证法的立场。正如恩格斯所指出的，排除和否定矛盾“差不多就是《哲学教程》中关于辩证法所说的一切”[69]。因为在杜林看来，矛盾就等于背理。他说：“矛盾的东西是一个范畴，这个范畴只能归属于思想组合，而不能归属于现实。在事物中没有任何矛盾，或者换句话说，设定为真实的矛盾本身是背理的顶点。”[70] 恩格斯首先批判了杜林的矛盾观，指出“有一种客观地存在于事物和过程本身中的矛盾，而且这是一种实际的力量”。也就是说，物质世界本来具有矛盾的特性。

恩格斯进一步分析了杜林错误思想的认识根源，“当我们把事物看作是静止而没有生命的，各自独立、相互并列或先后相继的时候，我们在事物中确实碰不到任何矛盾。……如果限于这样的考察范围，我们用通常的形而上学的思维方式也就行了。但是当我们从事物的运动、变化、生命和彼此相互作用方面去考察事物时，情形就完全不同了。在这里我们立刻陷入了矛盾。运动本身就是矛盾；甚至简单的机械的位移之所以能够实现，也只是因为物体在同一瞬间既在一个地方又在另一个地方，既在同一个地方又不在同一个地方。这种矛盾的连续产生和同时解决正好就是运动”[71]。在这里，我们又一次见识到了杜林由于否定矛盾而在自然观上无法理解运动的深刻教训。

恩格斯明确指出："既然简单的机械的位移本身已经包含着矛盾，那么物质的更高级的运动形式，特别是有机生命及其发展，就更加包含着矛盾。”“生物在每一瞬间是它自身，同时又是别的东西。所以，生命也是存在于物体和过程本身中的不断地自行产生并自行解决的矛盾。”[72] 同样，在思维的领域中我们也不能避免矛盾，“例如，人的内部无限的认识能力和这种认识能力仅仅在外部受限制的而且认识上也受限制的各个人身上的实际存在这二者之间的矛盾，是在至少对我们来说实际上是无穷无尽的、连绵不断的世代中解决的，是在无穷无尽的前进运动中解决的”[73]。此外，在人们公认的逻辑性最强的数学中，也充满了矛盾，如曲与直、−1 的平方根，等等，使得“辩证思维对形而上学思维的关系，和变数数学对常数数学的关系是一样的”[74]。由此可见，事物的矛盾本性，不是承不承认的问题，而是如何科学地揭示、描述的问题。

如果说拒绝承认矛盾，显示出杜林的无知，那么，对于辩证法的无端指责，则表明了他的狂妄。出于他的哲学偏见，杜林不仅把马克思的辩证法和黑格尔的辩证法抽象地等同起来，而且他“令人吃惊”地宣布，马克思《资本论》中无论是对资本家和雇佣工人矛盾的分析，还是对于“封建主义的、资本主义的和社会主义的生产方式”的揭示，“都是一个东西”[75]。其中，最大的罪证在于“引证了黑格尔关于量转变为质这个混乱的模糊观念”。毫无疑问，在《资本论》中，马克思运用的基本方法就是辩证法，但这种辩证法不再像黑格尔的辩证法那样是以抽象思辨的面目出现，而是以对现实经济关系发展的客观描述为基础的辩证批判。也就是说，在马克思这里，辩证法不再是抽象的原则和逻辑工具，而是系统、全面和深入地揭示了资本主义的本质规律和实现无产阶级最终解放的思想武器。

为了彻底批判杜林主义，确立唯物辩证法的科学性，恩格斯引证了马克思在《资本论》中从关于不变资本和可变资本以及关于剩余价值的研究中得出的结论，系统阐明了唯物辩证法的质量互变规律。

恩格斯指出，量变必然引起质变，质变进而造成新的量变，这是客观规律。马克思在《资本论》中指出，资本总是表现为货币，但货币未必直接就是资本。区分的标准，要看是否存在雇佣劳动，看生产资料所有者是否无偿地占有他人生产的剩余价值。以私人占有为特征的小生产发展到一定阶段，便历史性地转化为资本。由货币到资本的转变，量的方面的最低额度总是确定存在的。超过这个限度，事物的性质便发生变化。“在这里，也像在自然科学上一样，证明了黑格尔在他的《逻辑学》中所发现的下列规律的正确性，即单纯的量的变化到一定点时就会转化为质的差别。”[76]

恩格斯同时指出，量变引起质变的方式是多样的。事物的单纯的量的累加能够造成质变，如货币的积累向资本的转变；不同事物的关系、结构的变化同样也能够造成事物的质变，如化学上的同分异构体等。因此，量变引起质变的发生，一切要看实际情况如何。比如，物质生产中的协作，往往能够创造比相同数目劳动力的简单相加的更高生产力。协作引起的生产力的质变，不只是依靠劳动力数量的增加，更是劳动生产结构优化的结果。谁也不能否认，生产劳动自身的组织、管理方式、模式的变革，往往可以造成生产力的质的飞跃。“这种力量和它的单个力量的总和有本质的差别。”[77] 由此可见，质量互变规律既是辩证的又是客观的。“我们还可以从自然界和人类社会中举出几百个这样的事实来证明这一规律。例如，马克思《资本论》的整个第四篇——《相对剩余价值的生产》，就在协作，分工和工场手工业，机器和大工业的领域内，谈到无数关于量变改变事物的质和质变同样也改变事物的量的情况，因此，这些情况，用杜林先生非常痛恨的字眼来说，就是量转化为质，质转化为量。”

十一 辩证法是现实规律的逻辑表现

在《反杜林论》哲学编第十三章“辩证法。否定之否定”中，恩格斯通过批判杜林，以否定之否定规律为例，深入说明了唯物辩证法的实质。

首先，恩格斯批驳了杜林对马克思否定之否定思想的歪曲。按照杜林的逻辑，否定之否定不过是文字游戏，“马克思不依靠黑格尔的否定的否定，就无法证明社会革命的必然性，证明建立土地公有制和劳动所创造的生产资料的公有制的必然性”[78]。试问，如果真是这样，那么发现资本主义生产的秘密的应该是黑格尔，肯定轮不到马克思。马克思之所以提出未来社会的所有制“既是个人的又是社会的所有制”，不是抽象思辨的产物，而是通过对于社会经济制度的历史发展的批判，合乎逻辑地得出的科学认识。“这是否定的否定。然而是在资本主义时代的成就的基础上，在自由劳动者的协作的基础上和他们对土地及靠劳动本身生产的生产资料的公有制上来重新建立。以自己劳动为基础的分散的个人私有制转化为资本主义私有制，同事实上已经以社会生产为基础的资本主义私有制转化为社会所有制比较起来，自然是一个长久得多、艰苦得多、困难得多的过程。”[79]

恩格斯概述了马克思在《资本论》中对历史运动的内在逻辑的

客观分析，进一步说明了否定之否定规律的辩证性和客观性。实际上，在自然经济时代，以自己劳动为基础的私有制占据主导地位。物质生产限于狭小的地域，社会的交换、交往没有普遍发生，人们主要运用手工工具从事劳动，生产力水平整体十分低下。随着生产不断发展，物质财富日益丰富，人们开始交换其产品。这一过程的普遍化，便造成商品经济。生产的地域限制于是被打破，社会的普遍物质变换成为一种常态。生产生活资料的创造、使用、消费，真正走向了社会化，成为社会成员的普遍行动。在资本主义社会，人类创造了比以往任何时代的财富总和还要多的生产力。但资本家却牢牢控制着社会财富的绝大多数。生产力的发展和生产的社会化，与资本占有的矛盾，必然导致资本主义生产方式走向灭亡，而为更高、更合理的社会制度取代。“马克思只是历史地证明并在这里简略地概述：正像以往小生产由于自身的发展而必然造成消灭自身，即剥夺小私有者的条件一样，现在资本主义生产方式也自己造成使自己必然走向灭亡的物质条件。这是一个历史的过程，如果说它同时又是一个辩证的过程，那么这不是马克思的罪过。”[80] 也就是说，到目前为止（即马克思、恩格斯生活的时代），以自己劳动为基础的小生产、资本主义生产、社会主义公有制即扬弃了生产资料私有制的个体所有制，大致构成人类社会经济发展的三个逻辑环节。其中，每一阶段都是对前一阶段的否定、超越，是在前一阶段基础上发展而来的。

恩格斯指出，杜林对马克思的批判，只是“为了完全真理的利益而把他一手炮制的东西硬加给马克思”[81]。马克思“只是在作了自己的历史的和经济的证明之后才继续说：‘资本主义的生产方式和占有方式，从而资本主义的私有制，是对个人的、以自己劳动为基础的私有制的第一个否定。对资本主义生产的否定，是它自己由于自然过程的必然性而造成的。这是否定的否定’”[82]。因此，“当马克思把这一过程称为否定的否定时，他并没有想到要以此来证明这一过程是个历史地必然的过程。相反，他在历史地证明了这一过程一部分实际上已经实现，一部分还一定会实现以后，才又指出，这是一个按一定的辩证法规律完成的过程”[83]。

杜林理解不了甚至歪曲马克思，问题其实出在他自己身上。对资本的扬弃，也不是建立一种绝对平均式的共产主义。这种虚假的共产主义，不允许私人对物品的占有，不允许个体所有的存在。可是，现实的人的存在、发展，离开对物的占有、消费是不可能的。问题根本不在于是否占有物，而在于这种占有的形式到底建立在什么样的制度之上。由于生产力的极大丰富，生产劳动的高度社会化和整个社会的普遍互动，社会主义公有制的真正价值，就不是简单的在于取消私有制本身，而是在掌握生产生活资料的基础上，如何为社会成员的全面、自由发展提供充分的财富、资源和社会保障，如何为个体的发展提供充分的所必需的物品。单单就是否存在个体所有，来辨别何为私有何为公有，是一种非常浅薄无知的观念。

恩格斯指出，正如“人们可以把形式逻辑或初等数学狭隘地理解为单纯证明的工具一样，杜林先生把辩证法也看成这样的工具，这是对辩证法的本性根本不了解”[84]。恩格斯再次列举数学发展的例子。他说：“辩证法也是这样，不过它高超得多；而且，因为辩证法突破了形式逻辑的狭隘界限，所以它包含着更广泛的世界观的萌芽。”[85]像初等数学，“即常数数学，是在形式逻辑的范围内运作的，至少总的说来是这样；而变数数学——其中最重要的部分是微积分——本质上不外是辩证法在数学方面的运用”[86]。高等数学处理的是变数，这要求人们必须运用辩证的思维处理问题，不能再局限于片面的“一是一、二是二”的形而上学思维。恩格斯指出：“高等数学中的几乎所有的证明，从微分学的最初的一些证明起，从初等数学的观点看来严格地说都是错误的。如果像在这里的情形一样，人们要用形式逻辑去证明辩证法领域中所获得的结果，那么情况也不可能是另一个样子。”[87] 因此，否定之否定“是一个非常简单的、每日每地都在发生的过程，一旦清除了旧唯心主义哲学盖在它上面而且由杜林先生一类无可救药的形而上学者为了自身的利益继续盖在它上面的神秘破烂，它是任何一个小孩都能够理解的”[88]。恩格斯分别以大麦、蝴蝶为例，说明了“否定的否定真实地发生于有机界的两大界中”。以新旧岩层更迭为例说明了“全部地质学是一个被否定了的否定的系列”。

恩格斯强调指出，否定之否定在“历史方面的情形也没有两样”。为了与杜林主义彻底划清界限，恩格斯特意总结了唯物主义世界观的发展历程，同样是否定之否定的过程。在古希腊，诞生了自发的唯物主义。它代表着人类对于物质世界的朴素认识。它并不怀疑世界的物质性，而是集中注意力探讨世界的起源和本原。但唯物主义在随后的发展中遇到了障碍。它没有能力弄清楚思维与物质的关系。作为理性思维，哲学是用概念把握世界的，而纯粹的物质实体并没有思维的能力。所以，本原、本质肯定不在物质自身，而是由能动的精神提供。这便是唯心主义的基本立场、观点。“这样，旧唯物主义就被唯心主义否定了。”[89] 精神的确是能动的东西，但不能无限制地夸大。人们的精神观念，来自现实的社会生活。有什么样的生活、什么样的活动，便有什么样的意识、精神。“在哲学的进一步发展中，唯心主义也站不住脚了，它被现代唯物主义所否定。”[90] 这种否定之否定，通过否定唯心主义的片面性，又恢复了唯物主义物质原则的权威。但它不是倒退到旧唯物主义，而是科学解决了物质与精神、存在与思维的关系，始终从物质世界出发说明问题。在这里哲学被扬弃了，转变成了全新的世界观和方法论，即马克思主义本身。

恩格斯进一步以卢梭的平等说为例，说明了否定之否定“是自然界、历史和思维的一个极其普遍的、因而极其广泛地起作用的、重要的发展规律”[91]。恩格斯指出，“我们在卢梭那里不仅已经可以看到那种和马克思《资本论》中所遵循的完全相同的思想进程，而且还在他的详细叙述中可以看到和马克思所使用的完全相同的整整一系列辩证的说法”[92]。因为卢梭的“社会契约论”首先假定，在现代私有制出现之前，人类有一个自然状态。这种状态不存在不平等，人与人基于某种自发的协作而共同生活。私有制的出现，打破了这种短暂的甜蜜。人类总是趋于完善、往前发展，“文明每前进一步，不平等也同时前进一步”[93]。对物的私占、支配，说明个人利益及对这种利益的认识的觉醒。相比于原始的公有观念，这种不平等，这种对自然状态的否定，乃是一种历史的进步。但在私有制社会，无疑充满了现实的压迫、剥削，“随着文明而产生的社会为自己所建立的一切机构，都转变为它们原来的目的的反面”[94]。在少数人的统治面前人人平等，“就是说大家都等于零”[95]。对于历史发展而言，这样的不平等必然为人类扬弃，为新的、彻底的社会平等，更高级的社会契约的平等取代。这也是一个否定之否定的过程。

恩格斯最后指出，人们不能离开特定事物的特殊矛盾，空洞地套用辩证法规律。从杜林的混乱逻辑出发，麦粒、面包、麦粒，——这三个事物似乎也能构成否定之否定。人类否定小麦，造出面包；面包为人吃掉；人再种植小麦，收获麦粒。可是，从头到脚，辩证运动的主体，根本无法找到。这并不是一个事物自己的运动，而是三个事物的随意放置。你可以说它们之间有现实联系，但这种联系，——现成的麦粒，人吃小麦，小麦被种植，是外在的、不相干的、相对独立的三个事情。正确的提法，应当是“麦粒、麦苗、麦粒”。麦粒，作为潜在的麦苗，具有成长发育、否定自身的本能。麦苗意味着对麦粒的否定，即麦粒成长为现实的个体，作为成苗存在。麦苗成熟之后，便结出新的麦粒。此时的麦粒，一般地看，由于经过了一个全新的发展过程，从与周围环境的新的适应中发展而来，便具备了新的因素、特性和发展能力。新麦粒在量上较之以前有了增长，在质上也往往具有新的特性。这已非之前的、上一代麦粒所能比拟。这即是发展、进化，即是否定之否定。

十二｜辩证唯物主义的科学结论

在《反杜林论》哲学编第十四章“结论”中，恩格斯对杜林哲学的立场、观点、方法，进行了系统总结和批判。

恩格斯指出：“杜林先生对我们许下了什么诺言呢？一切。他履行了哪些诺言呢？一个也没有。‘一种现实的、从而以自然和生活的现实为目标的哲学的各个要素’，‘严格科学的世界观’，‘创造体系的思想’以及杜林先生以傲慢的语气大肆炫耀的杜林先生的其他一切功绩，只要我们一接触，就看出是纯粹的欺人之谈。”[96] 杜林的世界模式论，不过是黑格尔逻辑学的肤浅复制；他的自然哲学暴露了他对现代科学发展的无知，使得他只能从“物质的自身等同的状态”出发，从而陷于混乱观念的自我想象；而在道德和法的领域中，现实哲学（即杜林的大全体系）把卢梭庸俗化，为人们提供了一套贫乏至极的概念虚构。杜林“对别人采用的‘真正批判的观点’，就在于固执地把别人从来没有说过的、而是杜林先生一手炮制的东西硬加给别人”[97]。“现实哲学归根到底正是黑格尔所说的‘德国的所谓启蒙学说的最稀薄的清汤’，它的稀薄和一眼就能看透的浅薄只是由于拌入了神谕式的只言片语，才变得稠厚和混浊起来。”[98]

总之，在哲学编，恩格斯根据自然科学的最新成果和社会历史发展的基本事实，揭穿了杜林哲学对唯物主义立场的颠倒。恩格斯以通俗、简洁的方式，向人们说明了世界的物质统一性和自然运动的辩证本性，指明了马克思主义的内在精神，它的唯物主义立场、观点和方法及其思想的内在逻辑。恩格斯强调指出，从现实出发说明现实，这是唯一正确的唯物主义立场。世界的真正统一性或者首要特性，就是它的物质性。现实世界的运动，本来就具有辩证的特性。因此，必须以辩证的观点反过来审视客观世界。

恩格斯彻底驳斥了杜林对马克思主义辩证方法的歪曲，揭示了辩证法同形而上学的根本区别，系统地阐述了唯物辩证法的特征和基本规律。在恩格斯看来，世间万物的变化发展，其动力皆在于自身的矛盾。事物变革的过程，包括由量的积累而达至质的飞跃，进而开始新量的累积，如此往复而无止境。在这样的辩证过程中，发展就是革新，是新事物对旧事物的扬弃。这个过程表现为螺旋式上升的否定之否定。这种螺旋式的上升，虽然终点与起点表现出一种类似性，保留了起点的某些形式，但作为事物的发展、跃迁，已经具有了全新的发展了的内容和内涵。

在社会历史领域，恩格斯深入批判、揭露了杜林道德、平等及自由观的虚无本性，明确了历史唯物主义的立场、观点和方法。历史上曾经出现的种种道德、平等观念，归根到底是人们社会经济和阶级状况的反映。作为对历史发展的如实概括，唯物辩证法和唯物史观的有机结合，实现了世界观的根本变革，为无产阶级革命和解放事业确立了科学世界观的基础。

【本章注释】

[1]《马克思恩格斯文集》第 9 卷，人民出版社 2009 年版，第 38 页。
[2]《马克思恩格斯文集》第 9 卷，人民出版社 2009 年版，第 38 页。
[3]《马克思恩格斯文集》第 9 卷，人民出版社 2009 年版，第 38 页。
[4]《马克思恩格斯文集》第 9 卷，人民出版社 2009 年版，第 38 页。
[5]《马克思恩格斯文集》第 9 卷，人民出版社 2009 年版，第 39 页。
[6]《马克思恩格斯文集》第 9 卷，人民出版社 2009 年版，第 40 页。
[7]《马克思恩格斯文集》第 9 卷，人民出版社 2009 年版，第 42 页。

[8]《马克思恩格斯文集》第9卷，人民出版社2009年版，第42页。

[9]《马克思恩格斯文集》第9卷，人民出版社2009年版，第44页。

[10]《马克思恩格斯文集》第9卷，人民出版社2009年版，第45页。

[11]《马克思恩格斯文集》第9卷，人民出版社2009年版，第47页。

[12]《马克思恩格斯文集》第9卷，人民出版社2009年版，第47页。

[13]《马克思恩格斯文集》第9卷，人民出版社2009年版，第55页。

[14]《马克思恩格斯文集》第9卷，人民出版社2009年版，第57页。

[15]《马克思恩格斯文集》第9卷，人民出版社2009年版，第57页。

[16]《马克思恩格斯文集》第9卷，人民出版社2009年版，第59页—第60页。

[17]《马克思恩格斯文集》第9卷，人民出版社2009年版，第61页。

[18]《马克思恩格斯文集》第9卷，人民出版社2009年版，第63页。

[19]《马克思恩格斯文集》第9卷，人民出版社2009年版，第64页。

[20]《马克思恩格斯文集》第9卷，人民出版社2009年版，第64页。

[21]《马克思恩格斯文集》第9卷，人民出版社2009年版，第66页。

[22]《马克思恩格斯文集》第9卷，人民出版社2009年版，第64页。

[23]《马克思恩格斯文集》第9卷，人民出版社2009年版，第69页。

[24]《马克思恩格斯文集》第9卷，人民出版社2009年版，第71页。

[25]《马克思恩格斯文集》第9卷，人民出版社2009年版，第72页。

[26]《马克思恩格斯文集》第9卷，人民出版社2009年版，第73页。

[27]《马克思恩格斯文集》第9卷，人民出版社2009年版，第75页。

[28]《马克思恩格斯文集》第9卷，人民出版社2009年版，第76页。

[29]《马克思恩格斯文集》第9卷，人民出版社2009年版，第73页。

[30]《马克思恩格斯文集》第9卷，人民出版社2009年版，第81页。

[31]《马克思恩格斯文集》第9卷，人民出版社2009年版，第82页。

[32]《马克思恩格斯文集》第9卷，人民出版社2009年版，第83页。

[33]《马克思恩格斯文集》第9卷，人民出版社2009年版，第86页。

[34]《马克思恩格斯文集》第9卷，人民出版社2009年版，第86页。

[35]《马克思恩格斯文集》第9卷，人民出版社2009年版，第86页。

[36]《马克思恩格斯文集》第9卷，人民出版社2009年版，第86页。

[37]《马克思恩格斯文集》第 9 卷，人民出版社 2009 年版，第 87 页。

[38]《马克思恩格斯文集》第 9 卷，人民出版社 2009 年版，第 87 页。

[39]《马克思恩格斯文集》第 9 卷，人民出版社 2009 年版，第 87 页。

[40]《马克思恩格斯文集》第 9 卷，人民出版社 2009 年版，第 90 页。

[41]《马克思恩格斯文集》第 9 卷，人民出版社 2009 年版，第 90 页。

[42]《马克思恩格斯文集》第 9 卷，人民出版社 2009 年版，第 90 页—第 91 页。

[43]《马克思恩格斯文集》第 9 卷，人民出版社 2009 年版，第 91 页。

[44]《马克思恩格斯文集》第 9 卷，人民出版社 2009 年版，第 92 页。

[45]《马克思恩格斯文集》第 9 卷，人民出版社 2009 年版，第 92 页。

[46]《马克思恩格斯文集》第 9 卷，人民出版社 2009 年版，第 92 页。

[47]《马克思恩格斯文集》第 9 卷，人民出版社 2009 年版，第 93 页。

[48]《马克思恩格斯文集》第 9 卷，人民出版社 2009 年版，第 93 页。

[49]《马克思恩格斯文集》第 9 卷，人民出版社 2009 年版，第 94 页。

[50]《马克思恩格斯文集》第 9 卷，人民出版社 2009 年版，第 94 页。

[51]《马克思恩格斯文集》第 9 卷，人民出版社 2009 年版，第 96 页。

[52]《马克思恩格斯文集》第 9 卷，人民出版社 2009 年版，第 98 页。

[53]《马克思恩格斯文集》第 9 卷，人民出版社 2009 年版，第 98 页。

[54]《马克思恩格斯文集》第 9 卷，人民出版社 2009 年版，第 99 页。

[55]《马克思恩格斯文集》第 9 卷，人民出版社 2009 年版，第 99 页—第 100 页。

[56]《马克思恩格斯文集》第 9 卷，人民出版社 2009 年版，第 101 页。

[57]《马克思恩格斯文集》第 9 卷，人民出版社 2009 年版，第 102 页。

[58]《马克思恩格斯文集》第 9 卷，人民出版社 2009 年版，第 104 页。

[59]《马克思恩格斯文集》第 9 卷，人民出版社 2009 年版，第 108 页。

[60]《马克思恩格斯文集》第 9 卷，人民出版社 2009 年版，第 109 页。

[61]《马克思恩格斯文集》第 9 卷，人民出版社 2009 年版，第 112 页。

[62]《马克思恩格斯文集》第 9 卷，人民出版社 2009 年版，第 112 页。

[63]《马克思恩格斯文集》第 9 卷，人民出版社 2009 年版，第 113 页。

[64]《马克思恩格斯文集》第 9 卷，人民出版社 2009 年版，第 119 页。

[65]《马克思恩格斯文集》第9卷，人民出版社2009年版，第119页。

[66]《马克思恩格斯文集》第9卷，人民出版社2009年版，第120页。

[67]《马克思恩格斯文集》第9卷，人民出版社2009年版，第120页。

[68]《马克思恩格斯文集》第9卷，人民出版社2009年版，第120页。

[69]《马克思恩格斯文集》第9卷，人民出版社2009年版，第121页。

[70]《马克思恩格斯文集》第9卷，人民出版社2009年版，第125页。

[71]《马克思恩格斯文集》第9卷，人民出版社2009年版，第127页。

[72]《马克思恩格斯文集》第9卷，人民出版社2009年版，第127页。

[73]《马克思恩格斯文集》第9卷，人民出版社2009年版，第128页。

[74]《马克思恩格斯文集》第9卷，人民出版社2009年版，第128页。

[75]《马克思恩格斯文集》第9卷，人民出版社2009年版，第130页。

[76]《马克思恩格斯文集》第9卷，人民出版社2009年版，第132页。

[77]《马克思恩格斯文集》第9卷，人民出版社2009年版，第134页。

[78]《马克思恩格斯文集》第9卷，人民出版社2009年版，第136页。

[79]《马克思恩格斯文集》第9卷，人民出版社2009年版，第137页—第138页。

[80]《马克思恩格斯文集》第9卷，人民出版社2009年版，第141页。

[81]《马克思恩格斯文集》第9卷，人民出版社2009年版，第139页。

[82]《马克思恩格斯文集》第9卷，人民出版社2009年版，第141页。

[83]《马克思恩格斯文集》第9卷，人民出版社2009年版，第141页。

[84]《马克思恩格斯文集》第9卷，人民出版社2009年版，第142页。

[85]《马克思恩格斯文集》第9卷，人民出版社2009年版，第142页。

[86]《马克思恩格斯文集》第9卷，人民出版社2009年版，第142页。

[87]《马克思恩格斯文集》第9卷，人民出版社2009年版，第142页。

[88]《马克思恩格斯文集》第9卷，人民出版社2009年版，第143页。

[89]《马克思恩格斯文集》第9卷，人民出版社2009年版，第146页。

[90]《马克思恩格斯文集》第9卷，人民出版社2009年版，第146页。

[91]《马克思恩格斯文集》第9卷，人民出版社2009年版，第148页。

[92]《马克思恩格斯文集》第9卷，人民出版社2009年版，第147页—第148页。

[93]《马克思恩格斯文集》第 9 卷，人民出版社 2009 年版，第 147 页。
[94]《马克思恩格斯文集》第 9 卷，人民出版社 2009 年版，第 147 页。
[95]《马克思恩格斯文集》第 9 卷，人民出版社 2009 年版，第 147 页。
[96]《马克思恩格斯文集》第 9 卷，人民出版社 2009 年版，第 151 页。
[97]《马克思恩格斯文集》第 9 卷，人民出版社 2009 年版，第 152 页。
[98]《马克思恩格斯文集》第 9 卷，人民出版社 2009 年版，第 152 页。

第四章 马克思主义政治经济学——政治经济学编

唯物史观的使命在于揭示人类历史发展的规律，这就把研究对象、领域主要转向了社会经济活动。相应地，政治经济学就成为马克思主义的重要组成内容。在这一编，恩格斯以马克思的经济理论的成就为依据，描述了政治经济学的对象和方法，重点批判了杜林的抽象暴力观，捍卫了马克思劳动价值论和剩余价值论的科学地位。

一 经济学是关于生产、分配和交换的学问

在《反杜林论》政治经济学编第一章“对象和方法”中，恩格斯首先明确了政治经济学的基本涵义和主要研究对象，突出了马克思的独特贡献。

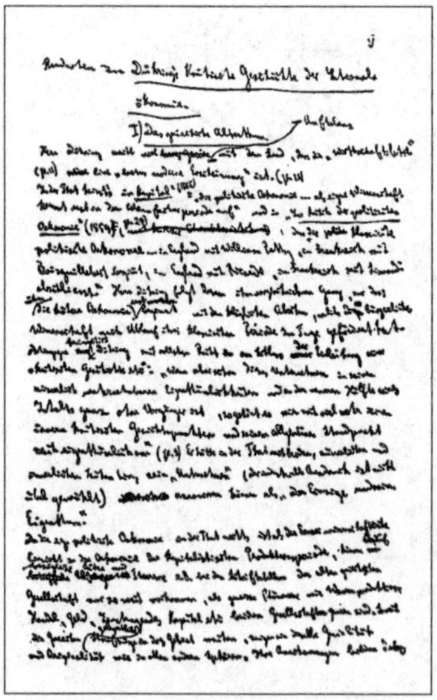

马克思手迹

恩格斯指出，政治经济学，从最广的意义上说，“是研究人类社会中支配物质生活资料的生产和交换的规律的科学”[1]。生产和交换是两种不同的职能，其中生产是交换的基础，为交换提供产品。而在不同世代、不同国家，人们的生产和交换的状况并不相同。因此，政治经济学不可能是一成不变的，不可能对一切国家和历史时代都一样。在这个意义上，“政治经济学本质上是一门历史的科学”[2]。政治经济学“所涉及的是历史性的即经常

变化的材料；它首先研究生产和交换的每个个别发展阶段的特殊规律，而且只有在完成这种研究以后，它才能确立为数不多的、适用于生产一般和交换一般的、完全普遍的规律。同时，不言而喻，适用于一定的生产方式和交换形式的规律，对于具有这种生产方式和交换形式的一切历史时期也是适用的”[3]。

在历史上，随着生产和交换的产生，也产生了产品分配的方式方法。生产和生活资料由谁来占有、支配，往往是生产及其交换顺利进行的制度前提。分配的差别导致了阶级差别的出现。随着剥削者与被剥削者、统治者与被统治者的分化，国家及其暴力现象就相应产生了。“可是分配并不仅仅是生产和交换的消极的产物；它反过来也影响生产和交换。每一种新的生产方式或交换形式，在一开始的时候都不仅受到旧的形式以及与之相适应的政治设施的阻碍，而且也受到旧的分配方式的阻碍。新的生产方式和交换形式必须经过长期的斗争才能取得和自己相适应的分配。但是，某种生产方式和交换方式越是活跃，越是具有成长和发展的能力，分配也就越快地达到超过它的母体的阶段，达到同当时的生产方式和交换方式发生冲突的阶段。”[4] 随着社会生产的发展，社会生产方式总要从上升期进入没落阶段。在这个时候，分配形式就会受到人们的批判。空想社会主义对资本主义的否定就是如此。但诉诸永恒正义、道德和法的做法，在科学上并不能把我们推向前进。道义的愤怒也许入情入理，但毕竟无法代替经济科学的科学研究。恩格斯指出，经济科学的任务在于“证明现在开始显露出来的社会弊病是现存生产方式的必然结果，同时也是这一生产方式快要瓦解的征兆，并且从正在瓦解的经济运动形式内部发现未来的、能够消除这些弊病的、新的生产组织和交换组织的因素”[5]。

恩格斯强调指出：“政治经济学作为一门研究人类各种社会进行生产和交换并相应地进行产品分配的条件和形式的科学——这样的广

义的政治经济学尚待创造。”[6] 因为，“到现在为止，我们所掌握的有关经济科学的东西，几乎只限于资本主义生产方式的发生和发展”[7]。而目前批判的重点，则正是资本主义生产方式本身。对资本主义的批判，既包括肯定的理解也包括否定的理解。批判既要揭示资本主义产生的历史必然性、进步性，也要说明其分配形式的局限性和走向灭亡的必然性。当然，“要使这种对资产阶级经济学的批判做到全面，只知道资本主义的生产、交换和分配的形式是不够的。对于发生在这些形式之前的或者在比较不发达的国家内和这些形式同时并存的那些形式，同样必须加以研究和比较，至少是概括地加以研究和比较。到目前为止，总的说来，只有马克思进行过这种研究和比较，所以，到现在为止在资产阶级以前的理论经济学方面所确立的一切，我们也差不多完全应当归功于他的研究”[8]。由此可见，马克思主义始终是立足于发展的总体来看待经济社会和人类历史的。

狭义的政治经济学，是资本主义经济关系的理论反映。历史上最早出现的是重商主义，它主要研究商业活动，探讨如何发财致富，对物质生产本身没有给予太多关注。而后，在古典经济学那里，狭义的政治经济学才有了真正的开端。“由重农学派和亚当·斯密作了正面阐述的狭义的政治经济学，实质上是18世纪的产儿，它可以和同时代的伟大法国启蒙学者的成就媲美，并且也带有那个时代的一切优点和缺点。”[9] 亚当·斯密确认了一个事实，劳动创造了财富本身，价值来源于生产活动的赋予。但这样的经济学并不以批判资本、私有制为己任，并不怀疑自己研究的出发点。恩格斯说：“我们关于启蒙学者所说的话，也适用于当时的经济学家。在他们看来，新的科学不是他们那个时代的关系和需要的表现，而是永恒的理性的表现，新的科学所发现的生产和交换的规律，不是这些活动的历史地规定的形式的规律，而是永恒的自然规律；它们是从人的本性中引申出来的。”[10] 资本主义生产的历史进步性与消极性，是一同存在的。

应该看到，古典经济学的缺陷完全被杜林所继承。正如恩格斯所指出的，“在我们从哲学方面充分地认识了我们的‘批判的奠基者’杜林先生和他的方法以后，我们也就不难预言，他将怎样理解政治经济学了。……杜林先生同样也会把经济学归结为各种最后的终极的真理、永恒的自然规律、同义反复的毫无内容的公理，而同时又把他所知道的经济学的全部积极的内容再从后门偷运进来”[11]。因此，在杜林的经济学中，“都是我们早已熟悉的把戏”。一方面，他“把生产和流通这两个虽然互相制约但是本质上不同的过程混为一谈”；另一方面，他由“把生产和交换合而为一，统称为生产，然后使分配同生产相并列，把它当作同第一个过程毫不相干的、完全外在的第二个过程。可是我们已经知道，分配就其决定性的特点而言，总是某一个社会的生产关系和交换关系以及这个社会的历史前提的必然结果，只要我们知道了这些关系和前提，我们就可以确实地推断出这个社会中占支配地位的分配方式”[12]。对于由此造成的矛盾，他又搬出他那著名的“两个人的思维模式”。用他自己的话说，“对于说明分配思想中的最主要之点，两个人的思维模式是同样适用的，这两个人的经济力量合在一起，他们显然应当通过某种形式互相商定他们各自的份额”[13]。这样一来，他不仅取消了各种分配形式的差别和对其成因的分析，而且“把全部分配理论从经济学的领域搬到道德和法的领域中，就是说，从确定的物质事实的领域搬到或多或少是不确定的意见和感觉的领域中。因此，他不再需要去研究或证明，只要随心所欲地夸夸其谈就够了”[14]。

恩格斯进一步指出，杜林由于“完全不能看到‘雇佣劳动向另一种谋生形式的转变，怎样能够在某一时候符合于人类本性的规律，符合于社会机体的合乎自然必然性的构造’”，因而得出了极其富于讽刺意味的结论——“在 1868 年：私有制和雇佣劳动是合乎自然必然性的，因而是正义的；在 1876 年：两者都成了暴力和‘掠夺’的结果，因而是非正义的”[15]。由此可以看出，对分配形式的批判，即对现存社会制度、资本主义制度的批判，既非抽象的认识，也非朴素的道德感和正义感，而应当采取科学的立场和方法。因此，“现代社会主义必获胜利的信心，……正是基于……可以感触到的物质事实，而不是基于某一个蛰居书斋的学者的关于正义和非正义的观念”[16]。

二 | 暴力的本质在于社会经济关系

暴力论是杜林主义的核心思想之一。在《反杜林论》政治经济学编第二章“暴力论”中，恩格斯通过批判杜林的暴力论思想，阐述了唯物史观的基本原则，即暴力的本质在于社会经济关系。

人类历史从诞生的那天起，似乎就与政治权力、暴力有着不可分割的联系。从表面上看，千百年来的历史，似乎就是在政治暴力的推动、导演下变化、发展的。诸如历史上形形色色的改革、革命、起义及朝代更迭等等，无不是其典型表现。在唯物史观形成之前，历史，在人们的心目中，往往是某种政治事件的编纂集，大事件的集合。“把重大历史事件看做历史上起决定作用的东西的这种观念，像历史编纂学本身一样已经很古老了。”[17] 从这样的观念出发，历史就成了政治人物、个别天才的自我表演，成了将相英雄的刀光剑影、明争暗斗乃至其悲欢离合。历史的发展是光明还是灰暗，就看天才人物的主观意志是否善良、正义，就看政治暴力的作用是否善良、正义。推动历史发展的人民群众的力量和真正的物质力量，反而淹没在无边的黑暗之中。杜林毫无例外地也直接加入到了唯心史观的行列中，他宣称：“政治关系的形式是历史上基础性的东西，而经济的依存不过是一种结果或特殊情形，因而总是次等的事实。……本原的东西必须从直接的政治暴力中去寻找，而不是从间接的经济力量中去寻找。”[18] 这也就是说，现实的社会制度，任何形式的所有制，与人们的生产活动无关，必是基于暴力而生的。恩格斯对此进行了彻底批驳。

恩格斯指出，杜林无视人民群众对于历史的推动作用，把“到目前为止的全部历史可以归结为人对人的奴役”，无非是为了证明暴力是“历史上基础性的东西”。而在恩格斯看来，“暴力仅仅是手段，相反地，经济利益是目的。目的比用来达到目的的手段要具有大得多的‘基础性’，同样，在历史上，关系的经济方面也比政治方面具有大得多的基础性”[19]。恩格斯用历史发展事实驳斥了杜林的荒谬观念，指出杜林把全部关系弄颠倒了。恩格斯指出：“私有财产在历史上的出现，决不是掠夺和暴力的结果。”[20] 私有财产最早出现在古代文明民族的自然形成的公社。随着生产力的发展，劳动产品出现富余，公社内部逐渐发展出商品的形式。原始的自发的分工日益为交换排挤，公社成员的财产状况变得不再平等。旧的土地公有制因而逐步被埋葬。而在生产和交换的进一步发展中，现代资本主义生产方式、雇佣劳动也必然形成。“马克思在《资本论》中再清楚不过地证明（杜林先生小心翼翼地对此甚至一字不提），商品生产达到一定的发展程度，就转变为资本主义的生产。”[21] 这里，暴力没有起任何作用。暴力可以改变财产的占有状况，但无法创造私有制。因此，杜林所谓的“‘基于暴力的所有制’，在这里，原来也不过是用来掩饰对真实的事物进程毫不了解的一句大话”[22]。

恩格斯通过总结现代资产阶级革命的历史，雄辩地指出：“如果‘政治状态是经济状况的决定性的原因’，那么，现代资产阶级就不应当是在反对封建制度的斗争中发展起来的，而应当是封建制度自愿生产的宠儿。任何人都知道，实际情形正好相反。”[23] 无论是英国的“光荣革命”，还是法国的大革命，都“不是按照杜林先生的原则，使经济状况适应政治状态（贵族和王权在长时期内正是枉费心机地企图这样做的），而是相反地把陈腐的政治废物抛开，并造成使新的‘经济状况’能够存在和发展的政治状态”[24]。

恩格斯最后警告说，如果资产阶级“求助于暴力，以挽救日趋瓦解的‘经济状况’免于崩溃，他们这样做只是证明……他们完全和杜林先生一样想入非非”[25]。

三 | 暴力的基础在于社会经济关系

在《反杜林论》政治经济学编第三章“暴力论（续）”中，恩格斯继续批判杜林的暴力论思想，以其渊博的军事知识科学地阐明了“暴力的基础在于社会经济关系”这一历史唯物主义思想。

在本章中，恩格斯以《鲁滨逊漂流记》中鲁滨逊与“星期五”的故事为例，说明了杜林“万能暴力论”连这样一个传奇故事都解释不了，足见其荒谬性。在恩格斯看来，“暴力不是单纯的意志行为，它要求具备各种实现暴力的非常现实的前提，特别是工具，其中，较完善的战胜较不完善的”。也就是说，“暴力的胜利是以武器的生产为基础的，而武器的生产又是以整个生产为基础，因而是以‘经济力量’，以‘经济状况’，以可供暴力支配的物质手段为基础的”[26]。恩格斯以现代大国崛起的现实历史说明，现代化的“船坚炮利”无论是“装备、编成、编制、战术和战略”，还是人员的素质构成，“更依赖于经济前提”，而“天才统帅的影响最多只限于使战斗的方式适合于新的武器和新的战士”[27]。恩格斯通过美国“独立战争”和普法战争等军事实践，进一步指出：“军队的全部组织和作战方式以及与之有关的胜负，取决于物质的即经济的条件：取决于人和武器这两种材料，也就是取决于居民的质与量和取决于技术。”[28]

恩格斯指出，由于经济状况支配暴力，暴力执行经济目的，使得“各国之间的相互竞争，使它们一方面不得不每年在陆军、海军、火炮等方面花费更多的金钱，从而越来越加速财政的崩溃；另一方面不得不越来越严格地采用普遍义务兵役制，结果使全体人民学会使用武器”。这预示着“军国主义将由于自身发展的辩证法而灭亡”[29]。而这为社会主义的胜利创造了客观条件。

恩格斯认为，以现代化军事设施为基础的政治暴力，它的建造和操作本身都成为现代大工业的一个部门。因为它正是借助于经济力量，即“冶金术的高度发展、对熟练技术人员和丰富的煤矿的支配”才能发展起来。“总之，在任何地方和任何时候，都是经济条件和经济上的权力手段帮助‘暴力’取得胜利，没有它们，暴力就不成其为暴力。”

四 暴力的社会基础在于阶级关系

在《反杜林论》政治经济学编第四章“暴力论（续完）”中，恩格斯更深层次地批判杜林的暴力论思想，以丰富的历史知识科学辩证地说明了阶级和统治关系产生的两种现实途径，阐述了“暴力的社会基础在于阶级关系”这一历史唯物主义思想。

在这章中，恩格斯首先对杜林在“土地占有者”与“土地使用者”之间奴役与被奴役关系的错误观点，进行了有针对性地批判。

恩格斯指出，杜林“为了证明人要征服自然界就必须先奴役别人”而妄称，“表现为大规模土地支配和大规模土地占有的现代财富形式的实际可能性，是以这种雇佣劳动为基础的……人对人的间接依附关系，现在构成经济上最发达的制度的基本特征，这种关系是不能由它本身去理解和说明的，而只有把它看做已往的直接奴役和剥夺的稍微变形的遗物才能理解和说明”[30]。实际上，这种看法既不符合逻辑更不符合历史。首先，“对自然界的统治”和“地产的经营”绝不是一回事。对自然界的统治的规模，在工业中比在农业中大得多，因此，杜林把“大规模土地支配和大规模土地占有”作为经济形式的普遍代表，本身就是不科学的。其次，“大地主”本身“纯粹是他的‘自由创造物和想象物’”。因为在“在整个东方，公社或国家是土地的所有者，在那里的语言中甚至没有地主这个名词”。在西方，无论是古希腊、古罗马，还是中世纪，都不具有这种典型的所有制形式。恩格斯经过详细分析后指出：“问题恰恰是要去说明阶级和统治关系的产生，如果杜林先生对这个问题总是只用‘暴力’这个词来回答，那么这并不能使我们前进一步。被统治者和被剥削者在任何时代都比统治者和剥削者多得多，所以真正的暴力总是在前者的手里，仅仅这一简单的事实就足以说明整个暴力论的荒谬性。”[31]

恩格斯利用客观事实，科学说明了阶级和统治关系产生的两种现实途径。

在原始公社时期，阶级尚未出现，主要出于维护共同利益、解决争端和组织生产的需要，个别成员开始脱离生产劳动而专门从事管理事务。“这是国家权力的萌芽。”[32] 随着原始公社的发展壮大，保护共同利益的专门机构开始出现并变得独立。在这种“从公仆转变为主人，统治者结合为统治阶级”的过程中，暴力是否起作用或者具体起到何种作用，“往往仅仅在于确定这样的事实：政治统治到处都是以执行某种社会职能为基础，而且政治统治只有在它执行了它的这种社会职能时才能持续下去”[33]。因为“不是暴力支配经济状况，而是相反，暴力被迫为经济状况服务”[34]。

另一种阶级形成过程，来自可供自由支配的劳动力的发现。早期农业家庭的内部自发的分工，因为生产生活资料的丰富而需要从外部引进劳动力，以补充和维持扩大了的生产。这个时候，战争提供了极大的方便。暴力被迫为经济状况服务，“奴隶制被发现了”[35]。战俘不再遭到普遍屠杀，而是为获胜方利用，使其服务于社会生产。自由支配的劳动力，由此得到源源不断的供应。古代社会的劳动生产因而得以持续快速发展。人类更高、更广的分工也因此成为可能。恩格斯指出，放眼于世界历史长河，奴隶制恰恰体现了历史的进步和必然。“在这个意义上，我们有理由说：没有古希腊罗马的奴隶制，就没有现代的社会主义。”[36] 杜林的虚假逻辑，无论如何也得不出这样的正确结论。

恩格斯进一步从方法论的高度说明，采用奴隶制在当时之所以是一个巨大的进步，“有一点是清楚的：当人的劳动的生产率还非常低，除了必要生活资料只能提供很少的剩余的时候，生产力的提高、交往的扩大、国家和法的发展、艺术和科学的创立，都只有通过更大的分工才有可能，这种分工的基础是从事单纯体力劳动的群众同管理劳动、经营商业和掌管国事以及后来从事艺术和科学的少数特权分子之间的大分工”[37]。因此，到现在为止的一切阶级的历史对立，“都可以从人的劳动的这种相对不发展的生产率中得到说明”[38]。

最后，恩格斯针对杜林的“暴力消极论”，提出暴力的能动作用同样是不容忽视的。暴力，“用马克思的话说，是每一个孕育着新社会的旧社会的助产婆；它是社会运动借以为自己开辟道路并摧毁僵化的垂死的政治形式的工具”[39]。但暴力的能动性、伟大作用力，根本上是以无条件地为其经济现实服务——这样的“被动”为前提的。暴力行动能否卓有成效，恰恰取决于它能否自觉顺应社会经济发展趋势，自觉代表、认同先进主体的根本利益。离开经济活动、离开经济关系来谈论暴力没有任何现实意义。恩格斯总结道：“政治权力在对社会独立起来并且从公仆变为主人以后，可以朝两个方向起作用。或者它按照合乎规律的经济发展的精神和方向发生作用，在这种情况下，它和经济发展之间没有任何冲突，经济发展加快速度。或者它违反经济发展而发生作用，在这种情况下，除去少数例外，它照例总是在经济发展的压力下陷于崩溃。”[40] 因为经济发展总是“毫无例外和无情地为自己开辟道路”[41]。

五 商品的价值是由体现在商品中的社会必要劳动决定的

在《反杜林论》政治经济学编第五章“价值论”中，恩格斯批判了杜林的错误价值观，阐明了马克思劳动价值论的基本原则——“商品的价值是由体现在商品中的社会必要的、一般人的劳动决定的”[42]。

在恩格斯看来，杜林的经济学没有超出庸俗经济学的水平。这首先从他对财富的定义表现出来，他认为财富是“对人和物的经济权力”[43]。恩格斯指出，这个定义“是双重的错误。第一，古代氏族公社和农村公社的财富决不是对人的支配。第二，就是在那些在阶级对立中运动的社会里，如果说财富包含了对人的支配，那它主要地、几乎完全地是依靠和通过对物的支配来进行对人的支配的”[44]。那么，“为什么杜林先生要对财富下这种错误的定义呢”？一言以蔽之，“为的是要把财富从经济领域拖到道德领域中去”。如果按照杜林的逻辑，“对物的支配是好事，但是对人的支配是坏事”，那么就变成了“从生产和分配这两个主要的角度来看待财富了：作为对物的支配的财富，即生产财富，是好的方面；作为对人的支配的财富，即到现在为止的分配财富，是坏的方面，应该扔掉它！用于今天的关系，那就是：资本主义的生产方式是很好的，可以继续存在，但是资本主义的分配方式完全不适用，必须消灭掉”[45]。脱离了具体的社会经济关系，如此空洞地敷衍问题，杜林的财富观荒唐可笑。

比杜林的财富观更为荒谬的，是他的价值观。他说：“价值是经济物品和经济服务在交往中所具有的意义。”[46]而这种意义相当于“价格或其他任何一种等价物名称，如工资”。换句话说，价值就是价格，二者之间的区别仅在于一个是以货币来表现，另一个不是以货币来表现。恩格斯指出，由于“他自己认定，同一价值有极其不同的价格，因而也有同样多的不同的价值”。这样一来，我们轻而易举就可得出这样的结论：“有多少价格就有多少不同的价值。”[47]

在本章中，恩格斯分析了“杜林先生向我们提供的五种价值”，即“来自自然界的生产价值，或人的劣根性所创造的、其特点在于按照并非人本身所包含的力的花费来计量的分配价值，或第三，由劳动时间计量的价值，或第四，由再生产费用计量的价值，或最后，由工资计量的价值”[48]。恩格斯对它们逐一进行了批判和纠正。

对于杜林提出的第一种价值，恩格斯指出，杜林“说一个人在任何物品里所投入的（为了保留这种浮夸的表达法）力量的多少，是价值和价值量的直接的决定性原因，这完全是错误的”。因为并不是所有劳动都同等地创造价值，“如果我们的某个人制造的是对于别人没有使用价值的物品，那么他的全部力量就不能造成丝毫价值；如果他坚持用手工的方法去制造一种物品，而用机器生产这种物品要便宜 20 倍，那么他所投入的力量既没有造成一般的价值，也没有造成其特定的量”[49]。

对于杜林提出的第二种价值，恩格斯指出，杜林“所谓的附加税和所称的分配价值”，只不过是假象。它们“表现为一个真实的价值额，即由劳动的、创造价值的阶级所生产，但被垄断者阶级所占有的价值额，这时，这个价值额就只由无酬劳动组成”[50]。这是马克思剩余价值理论早已解决了的问题。

对于杜林提出的后三种价值，恩格斯指出，杜林把劳动“归结为生存时间，而生存时间的自我维持又表现为对营养上和生活上一定数量的困难的克服”[51]。这种说法，混淆了劳动时间和生存时间，造成了所谓“共同社会”的假象。实际上，这不过是庸俗经济学“一件商品的价值是由生产费用来决定的”说法的翻版。恩格斯说：“在亚当·斯密那里，工资决定商品价值的观点还常常和劳动时间决定价值的观点混在一起，自李嘉图以来，前一种观点就被逐出科学的经济学之外了，今天，它仅仅还流行于庸俗经济学中。……换句话说，杜林先生是把他的社会主义直接建立在最坏的庸俗经济学的学说之上的。他的社会主义和这种庸俗经济学具有同样的价值。二者存亡与共。”[52]

恩格斯根据马克思的剩余价值理论，科学地指出:“工人所完成的和他所花费的，正像机器所完成的和它所花费的一样，是不同的东西。”[53] 如果“每个工人在他的工资中就得到了他的劳动产品的价值”，“如果工资决定价值，那么资本家对工人的任何剥削就都是不可能的了”[54]。不仅如此，如果按照这样的假定，“连产品剩余的形成也是不可能的了”，因为“工人正好消费掉他们所生产的价值。而因为资本家不生产任何价值，所以甚至不能想象，资本家究竟靠什么来生活”[55]。因此，“价值就不是由工资决定，而是由劳动量本身决定的……只不过是马克思所发现的剩余价值的组成部分”[56]。

六 商品的价值是由包含在商品中的人的劳动决定的

在《反杜林论》政治经济学编第六章“简单劳动和复合劳动”中，恩格斯在批判杜林的错误观点的基础上，阐述了价值的基础、价值的构成等马克思劳动价值论的科学思想。

价值不过是劳动在产品中的凝结、对象化。进一步来说，价值概念反映了现代商品货币关系，还不是简简单单的所谓“意义”，而是一种具体的经济意义。因此，马克思“所说的根本不是什么‘绝对价值’（无论它出现在什么地方），而是在一个特定的社会形式中通行的价值”[57]。一旦人们相互为对方生产产品，互相交换其产品，产品就在同等程度上转化为商品，转化为为别人生产的使用价值。

商品交换为什么可能？即在于交换双方必须承认其产品对彼此有用。这已经是一种抽象。我要得到的是你的产品，它只要对我有用，即可与我的产品交换。大家实际关心的，正是“有用”本身，即一个物品是否有劳动的付出，是否经由劳动的改造，而不管它在什么形式上付出、改造。阳光的确对人有意义，但没有价值，因为人们不必为之付出劳动，而可以自由享用。自己种菜、自己消费，这样的蔬菜也没有价值，它不是为了别人而生产，不是用来出卖的，别人也不会关心它是否对自己有用。这样一来，商品的价值的大小一般地就取决于社会平均必要劳动时间。商品交换，能够自在地将价值进行归约、量化处理，以便于计算。这又涉及简单劳动与复合劳动的关系问题。在马克思这里，这两个概念是为了便于理解事物的运动过程而作出的合理抽象。简单劳动是最基本的计量单位，复合劳动总可以化约为若干简单劳动，可以用简单劳动来通约。但这不是说，在同一时间内，复合劳动的产品的价值就等于若干简单劳动产品价值的机械和。高级工程师一小时创造的价值，往往是搬运工一小时创造的价值的好几倍。所以，“如果劳动时间的等价所包含的意义，是每个劳动者在相等的时间内生产出相等的价值，而不必先得出一种平均的东西，那么这显然是错误的”[58]。如何将复杂劳动通约、化约为简单劳动，是由人们的普遍交换自己来完成的，是存在于人的主观意志背后的客观的物质过程，社会化过程。“各种劳动化为当做它们的计量单位的简单劳动的不同比例，是指生产者背后由社会过程决定的，因而在他们看来，似乎是由习惯决定的。”[59]“马克思在这里确证的是今天的资本主义社会中每天在我们眼前发生的简单的事实。”[60]杜林的世界观无法理解这一点，他只能因为“看不见”、感觉不到这样的过程而直接否定其存在。

杜林从其抽象的原则出发，认为，“一开始就应该认为每个人的劳动时间都是完全相等的……一切劳动时间毫无例外地和在原则上

（因而不必先得出一种平均的东西）都是完全等价的”[61]。这样一来，“杜林先生用他的自然成本和绝对价值使我们做了一次跳跃，翻了一个真正的空心筋斗，从现在的剥削者的恶世界翻到他自己的未来的经济公社，翻到平等和正义的纯洁的太空中”[62]。这实际上是“激进的平等社会主义”观点的典型表现。恩格斯指出，马克思好像已经预料到杜林的这种手法，所以在《资本论》中就预先作了一个简短的注释：“读者应当注意，这里指的不是工人得到的一个工作日的工资或价值，而是指工人的一个工作日对象化成的商品价值。”其立意正是防范别人把他的这一“见解应用于今天的社会中对复合劳动所付的工资”[63]。因此，杜林的肤浅由此可见一斑。

在恩格斯看来，“等价学说”的错误根源就在于认为“劳动时间从而劳动本身，都有一种价值”。但劳动虽然是价值的创造者，虽然赋予了“已发现的自然产物以一种经济学意义上的价值”[64]，但由于“价值本身只不过是物化在某个物品中的、社会必要的人类劳动的表现。所以劳动不能有任何价值。谈论劳动的价值并且想确定这种价值，这等于谈论价值的价值，或者想确定重量本身的重量，而不是确定一个有重量的物体的重量”[65]。

恩格斯进一步指出：“如果劳动时间的等价所包含的意义，是每个劳动者在相等的时间内生产出相等的价值，而不必得出一种平均的东西，那么这显然是错误的。”[66]现实劳动的实际差别，是客观的社会经济现实。而取消人的劳动能力的一切差别，“剩下的只不过是纯粹夸夸其谈的空话——这种空话的经济基础无非是，杜林先生没有能力把价值由劳动来决定和价值由工资来决定这两种情况加以区别，剩下的只不过是敕令，即新经济公社的基本法律：相等的劳动时间的工资应该相等”！针对这种从“自发的工人社会主义”继承而来的观念，恩格斯明确作出了科学的结论：“在按社会主义原则组织起来的社会里，这种费用是由社会来负担的，所以复合劳动的成果，即所创造的比较大的价值也归社会所有。”[67] 因而简单劳动和复合劳动的区分，不仅会克服平均主义的弊端，而且不会导致新的不平等。

七 剩余价值论揭露了资本主义生产方式的秘密

在《反杜林论》政治经济学编第七章“资本和剩余价值”中，恩格斯批驳了杜林的资本观，根据马克思的剩余价值理论，揭示了资本主义生产方式的秘密。

在现代市场经济体制下，资本是政治经济学研究的核心范畴。资产阶级的纯粹实证的经济学研究，把资本制度设定为天然合理的生产方式，自然无法揭穿资本增殖的秘密。而对于社会主义的倡导者来说，能否揭示资本的实质和资本剥削的秘密，则成了科学社会主义和空想社会主义的“分水岭”。以剩余价值理论为标志，马克思主义科学地揭示了剩余价值的本质，揭示了资本剥削的实质。因而，剩余价值论，连同劳动价值论，构成了马克思主义政治经济学的核心。

也正是因为如此，资本和剩余价值理论成了杜林的主要攻击对象。在杜林看来，“马克思先生首先不是使用流行的经济学概念，确认资本是已经生产出来的生产资料”，而是认为“资本是由货币产生的”[68]。这无疑是对马克思资本概念的歪曲。恩格斯以马克思的经典表述为依据，对杜林进行了驳斥。“在马克思关于商品流通过程赖以进行的各种经济形式的分析中，货币是作为最后的形式而产生的。‘商品流通的这个最后产物是资本的最初的表现形式。资本在历史上起初到处是以货币形式，作为货币财产，作为商人资本和高利贷资本，与地产相对立……这个历史每天都在我们眼前重演。现在每一个新资本最初仍然是作为货币出现在舞台上，也就是出现在市场上——商品市场、劳动市场或货币市场上，经过一定的过程，这个货币就转化为资本'"[69]。

马克思又进一步研究了货币转化为资本的过程，“他首先发现，货币作为资本流通的形式，同货币作为商品的一般等价物流通的形式是相反的。简单的商品所有者为买而卖；他卖出他不需要的东西，而以所得的货币买进他需要的东西。未来的资本家一开头就买进他自己不需要的东西；他为卖而买，而且要卖得贵些，以便收回最初用于购买的货币价值，并且在货币上获得一个增长额；马克思把这种增长额叫做剩余价值”[70]。

那么，剩余价值究竟来自哪里？恩格斯分析后指出，贱买贵卖只是资本家攫取财富的手段，却不是其利润、赢利的真正源泉。资本预付与收入的差额、增加额，不可能来自于流通。由于商品经济实行平等交换，贱买贵卖使得赢利与亏本在总体上相互抵销。它更不可能来自欺骗，个别资本家如果因此而暴富，那只是因为他瓜分了其他资本家的一杯羹，社会的总体财富一点也没有多、一点也没有少。那么，这种贱买贵卖的所谓收入，只能源自生产劳动本身。这是因为，出于经济学的假定，货币和商品的价值不会随流通发生变化，因此，“这种变化必定发生在所购买的商品中，但不是发生在商品的价值中……是从商品的使用中产生”。“要从商品的消费中取得价值，我们的货币占有者就必须幸运地……在市场上发现这样一种商品，它的使用价值本身具有成为价值源泉的独特属性，因此，它的实际消费本身就是劳动的对象化，从而是价值的创造。……这种独特商品，就是劳动能力或劳动力。”[71] 劳动本身不能具有任何价值，但劳动力则不然。“劳动力一旦变成商品（它现在事实上就是商品），就获得一种价值，而这种价值也同其他任何商品的价值一样，是由生产从而再生产这种特殊物品所必要的劳动时间决定的。”[72] 由于“劳动力的价值和劳动力在劳动过程中的价值增殖，是两个不同的量”，它们之间的差额就是剩余价值。也就是说，在必要劳动时间里，劳动力已经把自身的价值生产出来了；但资本还要迫使其进行剩余劳动，创造出多于自身价值的价值。而随着剩余价值的产生，货币就转化成了资本。

恩格斯精辟地指出：“由于马克思以这种方式说明了剩余价值是怎样产生的，剩余价值怎样只能在调节商品交换的规律的支配下产生，所以他就揭露了现代资本主义生产方式以及以它为基础的占有方式的机制，揭示了整个现代社会制度在其周围凝结起来的核心。”[73]

马克思科学地指出，资本这样产生有一个本质的先决条件，即“一方面，工人是自由人，能够把自己的劳动力当做自己的商品来支配，另一方面，他没有别的商品可以出卖，自由得一无所有，没有任何实现自己的劳动力所必需的东西”。而这些条件，“决不是自然史上的关系，也不是一切历史时期所共有的关系，‘它本身显然是已往历史发展的结果，……是一系列陈旧的社会生产形态灭亡的产物’”[74]。恩格斯指出：“这个问题的解决是马克思著作的划时代的功绩。这个问题的解决使明亮的阳光照进了经济学的各个领域，而在这些领域中，从前社会主义者也曾像资产阶级经济学家一样在深沉的黑暗中摸索。科学社会主义就是以这个问题的解决为起点，并以此为中心的。”[75]

那么，“杜林先生的资本观念同马克思的资本观念的区别在哪里呢”？恩格斯指出，在马克思看来，“资本并没有发明剩余劳动”。“可见，剩余劳动，即超出劳动者维持自身生活所必需的时间以外的劳动，以及这种剩余劳动的产品被别人占有，即对劳动的剥削，是到目前为止一切在阶级对立中运动的社会形式的共同点”。马克思反复强调，“只有当这种剩余劳动的产品采取了剩余价值的形式”时，生产资料才具有资本的特殊性质。它是资本主义生产方式特有的现象。[76] 相反的，杜林把“形成一般劳动力成果中的份额”、从而将产生出任何形式的剩余劳动的任何数量的生产资料都解释为资本，可见，“杜林对资本概念的解释中，国民经济学分析的一切尖锐性丧失了，识别力连同一切正直的概念运用全都消失了；而荒谬的观念、混乱、冒充深刻的逻辑真理的轻率的见解和基础的薄弱，在杜林先生那里却繁花怒放”[77]。恩格斯总结道：“如果说马克思第一个彻底分析了现代资本所特有的占有方式，如果说他使资本的概念同这个概念最后从中抽象出来并且赖以存在的历史事实协调一致，如果说马克思因此使这个经济学概念摆脱了在资产阶级古典经济学中和在以前的社会主义者那里还同它纠缠在一起的含混不清的和摇摆不定的观念，那么这正是马克思以‘终极的最严格的科学性’处理问题，这种科学性杜林先生在口头上也经常讲，可是令人伤心的是我们在他的著作中却找不到。”[78]

八 | 剩余价值揭露了资本剥削的秘密

在《反杜林论》政治经济学编第八章“资本和剩余价值（续完）”中，恩格斯继续批驳了杜林对剩余价值理论的歪曲，根据马克思的剩余价值理论，进一步揭示了资本剥削的秘密。

针对杜林把马克思的剩余价值说成是“资本赢利或利润的东西”，恩格斯根据马克思的《资本论》进行了有力的驳斥。恩格斯指出，马克思坚决反对李嘉图“把支配剩余价值率的规律同利润率的规律直接混淆起来了”；与此相反，马克思指出：“同一个剩余价值率可以表现为极不相同的利润率，而不同的剩余价值率在一定情况下也可以表现为同一利润率。”这是因为“生产剩余价值即直接从工人身上榨取无酬劳动并把它固定在商品上的资本家，是剩余价值的第一个占有者，但决不是剩余价值的最后所有者。以后他还必须同在整个社会生产中执行其他职能的资本家，同土地所有者等等，共同瓜分剩余价值。因此，剩余价值分为各个不同的部分。它的各部分归不同类的人所有，并具有不同的、互相独立的形式，如利润、利息、商业利润、地租等等”[79]。也就是说，马克思始终认为，利润或资本赢利“只是剩余价值的一种派生形式，甚至常常只是剩余价值的一小部分”[80]。

恩格斯指出，剩余价值是资本利润的源泉，而资本利润的产生，无疑要经过竞争的环节。而对于资本家、资产阶级而言，这只是如何重新分配、瓜分剩余价值的问题。在资本主义社会，地租、利息或者利润，归根到底都来源于剩余价值。而问题的真正关键在于，“剩余价值是怎样转化成它的派生形式——利润、利息、商业赢利、地租等等的呢”？恩格斯通过引述马克思的观点指出，“资本主义生产的内在规律在资本的外部运动中作为强制性的竞争规律发生作用，并且以这种形式成为单个资本家意识中的动机；所以，只有了解了资本的内在本性，才能对竞争进行科学的分析”，并以此为基础，才能“认识剩余价值向它的派生形式的转化”[81]。而杜林由于“无法说明利润的形成。他只能简单地发布命令，说资本赢利是暴力的产物”[82]。这与他以往的逻辑如出一辙。他的暴力理论根本无法回答：“资本财富是怎样获得这种暴力的？”“这种暴力是怎样转化为资本的价值增殖，转化为利润的？”“暴力是从哪里夺取这种利润的？”等等一系列问题。究其原因，就在于“一切社会权力和一切政治权力都起源于经济的先决条件，起源于各该社会的历史地产生的生产方式和交换方式”[83]。也就是说，暴力完全可以巧取豪夺，但从来不会生产利润。可见，杜林的苍白分析，纯粹是在空洞的概念里兜圈子。

九 认识经济规律的客观基础

在《反杜林论》政治经济学编第九章“经济的自然规律。地租”中，恩格斯对杜林所谓的经济规律进行了批驳，并根据马克思的《资本论》，深刻地揭示了认识经济规律的客观基础。

杜林发现的所谓五条经济学基本规律分别是：“第一条规律。‘经济手段（自然资源和人力）的生产率因发明和发现而提高。’”“第二条规律。分工：‘职业的区分和活动的划分提高了劳动生产率。’”“第三条规律。‘距离和运输是阻碍和促进生产力合作的主要原因。’第四条规律。‘工业国家比农业国家具有大得无可比拟的人口容量。’第五条规律。‘在经济方面，任何事情没有物质利益都是不能完成的。’”[84] 恩格斯指出，这种做法无非是“从最无聊的陈词滥调中抽出两三个有时甚至措辞不当的不言而喻的语句，也会构成经济学的不需要证明的公理、基本原则、自然规律。在阐述这些毫无内容的规律的借口下，乘机对各种题目作一番广泛的经济学的空谈”[85]。

由于这些规律完全不值得深入驳斥，于是，恩格斯便把批判的重点转到了地租问题上。按照杜林的定义，地租是“土地所有者本身从土地上得到的收入”，他由此把地租看做一种工资。恩格斯根据现代资本主义发展的客观现实，深刻地指出，无论是英国式的大地产和大农业，还是德国式的地主自己经营土地的情况，都丝毫不能改变事情的实质。即除了地租以外，土地的主人“还得到资本利润。在今天的生产方式下，这是不言而喻的，而且根本不可能是另外的样子”[86]。“所以在这里，我们看到了资产阶级社会的三个阶级，以及各阶级所特有的收入：地主获得地租，资本家获得利润，工人获得工资。”[87] 由于杜林认为“地租和资本赢利的区别，只在于前者产生于农业，而后者产生于工业或商业”[88]，因此，他把地租和资本利润的关系彻底搞混淆了。这不仅彻底暴露了他在经济学方面的无知，也再一次证明了，对于经济现象和经济规律的认识必须以客观事实为基础。

十｜批判经济思想史中的虚无主义

在《反杜林论》政治经济学编第十章“《批判史》论述”中，恩格斯通过对经济思想史的批判考察，以马克思的《资本论》思想为基础，系统清算了杜林的经济学说和对于经济思想史的虚无主义态度。

首先，恩格斯以杜林的《国民经济学批判史》为对象，揭露了杜林的经济学说虚假的思想基础。由于杜林认为“经济学说”是一种“非常现代的现象”，因而他自称他的经济学体系“完全没有先驱者”。针对杜林的“自吹自擂”，恩格斯辩证地指出，虽然“政治经济学作为一门独立的科学，是在工场手工业时期才产生的”，但作为对经济现象的科学认识和理解，古代思想家的见解同样也“历史地成为现代科学的理论的出发点”[89]。因此，杜林关于“古代的科学的经济理论，我们实在没有任何积极的东西”的说法，是站不住脚的。

其次，杜林关于现代政治经济学的创始人配第思想和贡献的无知，又一次证明了他对于经济思想史的虚无主义态度。恩格斯列举了配第“商品的价值是由等量劳动（equallabour）来计量的”，“配第创造的‘政治算术’即一般所说的统计”[90]等具有代表性的重要成果，在杜林那里，无一例外都是“渺小”[91]的。这只能证明杜林本人是一个“最肤浅的观察者”[92]。

最后，恩格斯以对重农学派代表人物魁奈的《经济表》分析为例，具体揭示了杜林经济学思想的混乱和无知。恩格斯指出，这个表“清楚地表明重农学派对一国总财富的生产和流通的观念”[93]。而对于杜林来说，《经济表》是一个“化圆为方问题”，“他自己承认，他不懂得重农学派的ABC”[94]。为了达到正本清源、教育广大工人阶级的目的，恩格斯对该表进行了简要说明。恩格斯指出，理解经济表，首先，要了解重农学派把社会分成三个阶级，即“(一)生产阶级，即真正从事农业的阶级，租地农场主和农业工人；……(二)占有这种剩余的阶级，包括土地占有者和依附于他们的家仆，君主以及所有由国家付给薪俸的官吏，最后还有以什一税占有者这一特殊身份出现的教会”[95]。其次，要理解经济表的基本前提，即“第一个前提，是租佃制度以及与之并存的大规模的农业在魁奈那个时代的意义上到处被采用”。“另外的前提是：(一)……采用固定价格和简单再生产；(二)在一个阶级内部发生的任何流通，都置之不顾，而只考虑阶级与阶级之间的流通；(三)在生产年度内阶级与阶级间所进行的一切买卖，都合算成一个总数。最后……在魁奈那个时代，……农民家庭自身的家庭工业供给了极大部分非食品类的必需品，……它作为农业的当然附属物被当作前提了。”[96]从这样的阶级状况和前提出发，经济表把各种错综复杂的流通性行为综合成具有社会特征的大的流通过程，不仅“对于以流通为中介的年度再生产过程”作出了在当时说来是科学的说明，而且非常准确地回答了“地租”“在国民经济的循环中究竟成了什么这一问题”[97]。马克思曾对该表做过详细研究，在批判地吸收其成果的基础上，也曾考虑设计一张《经济表》，插在其著作的某一章中。后来，在写作《资本论》第二卷手稿时，他放弃了这个表，代之以更为科学的再生产公式。与马克思严谨、科学的态度和作风形成鲜明对照，杜林经济学所谓对于重农学派的偏爱，则显得极为浅薄。

总之，在政治经济学编中，恩格斯通过彻底批驳杜林的经济学思想，明确了马克思主义对政治经济学的全新理解和定位。在马克思主义之前，西方古典经济学已经有了充分的发展。但这样的经济学始终存在一个问题，它们并不对生产关系，即社会生产的资本形式予以批判，而是天然的将其设定为分析的既定出发点。这不是彻底的唯物主义态度。如果政治经济学只是研究如何发财致富，研究纯粹的经济运行，那么它就无法破解资本剥削的秘密。马克思主义的政治经济学，以对资本主义的生产方式的批判为基础，从物质生产及其社会形式（商品、私有制）的矛盾结构中，确立关于生产、交换和分配的理论，发现现代社会的运动规律。马克思对于经济学的最大贡献，正是劳动价值论和剩余价值论的创立。社会生活是实践的产物，根本上是由物质生产推动和决定的。商品、货币的本质如何，价值的本质如何，剩余价值的本质何在，必须联系生产劳动本身加以分析。

恩格斯在政治经济学编中批判了杜林错误的暴力观。对于历史发展而言，政治暴力一直扮演着发起者、组织者和直接推动者的角色。这种举足轻重的作用，给人们造成一种印象，政治暴力就是社会历史的发源地和基础。如果尊重客观的社会历史事实，就必须承认，暴力的来源、动力和目的，就在于社会经济因素。暴力直接服务于特定的经济利益。暴力本身的存在，要以社会经济尤其是生产力的一定发展为前提。没有现代大工业，便不会有现代化的武器装备及现代战争模式。这个道理是显而易见的。恩格斯用事实彻底驳倒了杜林的谬见。

【本章注释】

[1]《马克思恩格斯文集》第 9 卷，人民出版社 2009 年版，第 153 页。

[2]《马克思恩格斯文集》第 9 卷，人民出版社 2009 年版，第 153 页。

[3]《马克思恩格斯文集》第 9 卷，人民出版社 2009 年版，第 154 页。

[4]《马克思恩格斯文集》第 9 卷，人民出版社 2009 年版，第 155 页。

[5]《马克思恩格斯文集》第 9 卷，人民出版社 2009 年版，第 156 页。

[6]《马克思恩格斯文集》第 9 卷，人民出版社 2009 年版，第 156 页。

[7]《马克思恩格斯文集》第 9 卷，人民出版社 2009 年版，第 156 页。

[8]《马克思恩格斯文集》第 9 卷，人民出版社 2009 年版，第 157 页。

[9]《马克思恩格斯文集》第 9 卷，人民出版社 2009 年版，第 157 页。

[10]《马克思恩格斯文集》第 9 卷，人民出版社 2009 年版，第 158 页。

[11]《马克思恩格斯文集》第 9 卷，人民出版社 2009 年版，第 158 页。

[12]《马克思恩格斯文集》第 9 卷，人民出版社 2009 年版，第 160 页。

[13]《马克思恩格斯文集》第 9 卷，人民出版社 2009 年版，第 161 页。

[14]《马克思恩格斯文集》第 9 卷，人民出版社 2009 年版，第 163 页。

[15]《马克思恩格斯文集》第 9 卷，人民出版社 2009 年版，第 164 页。

[16]《马克思恩格斯文集》第 9 卷，人民出版社 2009 年版，第 165 页。

[17]《马克思恩格斯文集》第 9 卷，人民出版社 2009 年版，第 166 页。

[18]《马克思恩格斯文集》第 9 卷，人民出版社 2009 年版，第 165 页。

[19]《马克思恩格斯文集》第 9 卷，人民出版社 2009 年版，第 167 页。

[20]《马克思恩格斯文集》第 9 卷，人民出版社 2009 年版，第 169 页。

[21]《马克思恩格斯文集》第 9 卷，人民出版社 2009 年版，第 171 页。

[22]《马克思恩格斯文集》第 9 卷，人民出版社 2009 年版，第 171 页。

[23]《马克思恩格斯文集》第 9 卷，人民出版社 2009 年版，第 171 页。

[24]《马克思恩格斯文集》第 9 卷，人民出版社 2009 年版，第 172 页。

[25]《马克思恩格斯文集》第 9 卷，人民出版社 2009 年版，第 172 页。

[26]《马克思恩格斯文集》第 9 卷，人民出版社 2009 年版，第 173 页—第 174 页。

[27]《马克思恩格斯文集》第 9 卷，人民出版社 2009 年版，第 175 页。

[28]《马克思恩格斯文集》第 9 卷，人民出版社 2009 年版，第 178 页。

[29]《马克思恩格斯文集》第 9 卷，人民出版社 2009 年版，第 179 页。

[30]《马克思恩格斯文集》第 9 卷，人民出版社 2009 年版，第 182 页。

[31]《马克思恩格斯文集》第 9 卷，人民出版社 2009 年版，第 186 页。

[32]《马克思恩格斯文集》第 9 卷，人民出版社 2009 年版，第 186 页。

[33]《马克思恩格斯文集》第 9 卷，人民出版社 2009 年版，第 187 页。

[34]《马克思恩格斯文集》第9卷，人民出版社2009年版，第188页。

[35]《马克思恩格斯文集》第9卷，人民出版社2009年版，第188页。

[36]《马克思恩格斯文集》第9卷，人民出版社2009年版，第188页。

[37]《马克思恩格斯文集》第9卷，人民出版社2009年版，第189页。

[38]《马克思恩格斯文集》第9卷，人民出版社2009年版，第189页。

[39]《马克思恩格斯文集》第9卷，人民出版社2009年版，第191页。

[40]《马克思恩格斯文集》第9卷，人民出版社2009年版，第190页。

[41]《马克思恩格斯文集》第9卷，人民出版社2009年版，第191页。

[42]《马克思恩格斯文集》第9卷，人民出版社2009年版，第199页—第200页。

[43]《马克思恩格斯文集》第9卷，人民出版社2009年版，第193页。

[44]《马克思恩格斯文集》第9卷，人民出版社2009年版，第193页—第194页。

[45]《马克思恩格斯文集》第9卷，人民出版社2009年版，第194页。

[46]《马克思恩格斯文集》第9卷，人民出版社2009年版，第194页。

[47]《马克思恩格斯文集》第9卷，人民出版社2009年版，第195页。

[48]《马克思恩格斯文集》第9卷，人民出版社2009年版，第204页。

[49]《马克思恩格斯文集》第9卷，人民出版社2009年版，第196页。

[50]《马克思恩格斯文集》第9卷，人民出版社2009年版，第197页。

[51]《马克思恩格斯文集》第9卷，人民出版社2009年版，第200页。

[52]《马克思恩格斯文集》第9卷，人民出版社2009年版，第201页。

[53]《马克思恩格斯文集》第9卷，人民出版社2009年版，第201页。

[54]《马克思恩格斯文集》第9卷，人民出版社2009年版，第202页。

[55]《马克思恩格斯文集》第9卷，人民出版社2009年版，第203页。

[56]《马克思恩格斯文集》第9卷，人民出版社2009年版，第203页。

[57]《马克思恩格斯文集》第9卷，人民出版社2009年版，第205页—第206页。

[58]《马克思恩格斯文集》第9卷，人民出版社2009年版，第209页。

[59]《马克思恩格斯文集》第9卷，人民出版社2009年版，第205页。

[60]《马克思恩格斯文集》第9卷，人民出版社2009年版，第206页。

[61]《马克思恩格斯文集》第9卷，人民出版社2009年版，第204页。

[62]《马克思恩格斯文集》第9卷，人民出版社2009年版，第207页。

[63]《马克思恩格斯文集》第9卷，人民出版社2009年版，第208页。

[64]《马克思恩格斯文集》第9卷，人民出版社2009年版，第208页。

[65]《马克思恩格斯文集》第9卷，人民出版社2009年版，第208页。

[66]《马克思恩格斯文集》第9卷，人民出版社2009年版，第209页。

[67]《马克思恩格斯文集》第9卷，人民出版社2009年版，第210页。

[68]《马克思恩格斯文集》第9卷，人民出版社2009年版，第210页。

[69]《马克思恩格斯文集》第9卷，人民出版社2009年版，第210页—第211页。

[70]《马克思恩格斯文集》第9卷，人民出版社2009年版，第211页。

[71]《马克思恩格斯文集》第9卷，人民出版社2009年版，第212页。

[72]《马克思恩格斯文集》第9卷，人民出版社2009年版，第213页。

[73]《马克思恩格斯文集》第9卷，人民出版社2009年版，第214页。

[74]《马克思恩格斯文集》第9卷，人民出版社2009年版，第214页。

[75]《马克思恩格斯文集》第9卷，人民出版社2009年版，第212页。

[76]《马克思恩格斯文集》第9卷，人民出版社2009年版，第216页。

[77]《马克思恩格斯文集》第9卷，人民出版社2009年版，第219页。

[78]《马克思恩格斯文集》第9卷，人民出版社2009年版，第218页。

[79]《马克思恩格斯文集》第9卷，人民出版社2009年版，第220页—第221页。

[80]《马克思恩格斯文集》第9卷，人民出版社2009年版，第221页。

[81]《马克思恩格斯文集》第9卷，人民出版社2009年版，第222页—第223页。

[82]《马克思恩格斯文集》第9卷，人民出版社2009年版，第225页。

[83]《马克思恩格斯文集》第9卷，人民出版社2009年版，第226页。

[84]《马克思恩格斯文集》第9卷，人民出版社2009年版，第231页—第232页。

[85]《马克思恩格斯文集》第9卷，人民出版社2009年版，第232页。

[86]《马克思恩格斯文集》第9卷，人民出版社2009年版，第234页。

[87]《马克思恩格斯文集》第 9 卷，人民出版社 2009 年版，第 234 页。
[88]《马克思恩格斯文集》第 9 卷，人民出版社 2009 年版，第 235 页。
[89]《马克思恩格斯文集》第 9 卷，人民出版社 2009 年版，第 240 页。
[90]《马克思恩格斯文集》第 9 卷，人民出版社 2009 年版，第 246 页。
[91]《马克思恩格斯文集》第 9 卷，人民出版社 2009 年版，第 248 页。
[92]《马克思恩格斯文集》第 9 卷，人民出版社 2009 年版，第 250 页。
[93]《马克思恩格斯文集》第 9 卷，人民出版社 2009 年版，第 258 页。
[94]《马克思恩格斯文集》第 9 卷，人民出版社 2009 年版，第 261 页。
[95]《马克思恩格斯文集》第 9 卷，人民出版社 2009 年版，第 262 页。
[96]《马克思恩格斯文集》第 9 卷，人民出版社 2009 年版，第 263 页。
[97]《马克思恩格斯文集》第 9 卷，人民出版社 2009 年版，第 268 页。

第五章 社会主义从空想到科学——社会主义编

在社会主义编中，恩格斯揭露和批判了杜林的冒牌社会主义，对科学社会主义的历史和理论作出了全面系统的阐述。他通过对科学社会主义产生的经济、政治和思想条件的科学说明，以唯物史观和剩余价值理论为基础，辩证地揭示了资本主义的基本矛盾，科学地论证了资本主义崩溃和社会主义革命取得胜利的历史必然性。恩格斯根据对资本主义发展的规律性和趋势的深刻分析，预言了未来社会的一些特征。

一 | 现代社会主义必须走出空想

在《反杜林论》社会主义编第一章“历史”中，恩格斯简要考察了科学社会主义前史，以历史唯物主义思想为基础，揭示出杜林式社会主义的虚假本质。

在本章伊始，恩格斯进一步深化了他在“引论”中曾经阐发过的思想，对启蒙思想家的是非功过进行了辩证分析。18 世纪的法国哲学家们一般求助于抽象理性。但“这个永恒的理性实际上不过是恰好那时正在发展成为资产者的中等市民的理想化的知性而已”[1]。虽然与腐朽没落的封建制度相比，资本主义是一个巨大的进步，但“以前只是暗中偷着干的资产阶级罪恶却更加猖獗了”。比如说，“商业日益变成欺诈。革命的箴言‘博爱’化为竞争中的蓄意刁难和忌妒。贿赂代替了暴力压迫，金钱代替刀剑成了社会权力的第一杠杆。初夜权从封建领主手中转到了资产阶级工厂主的手中。卖淫增加到了前所未闻的程度”。因此，同启蒙学者的华美诺言比起来，“由‘理性的胜利’建立起来的社会制度和政治制度竟是一幅令人极度失望的讽刺画”[2]。哲学家的概念描绘再美妙绝伦，也无法改变贫富分化、人性堕落的社会现实，因为它没有科学地说明现实。

为了克服资本主义的弊端，各式各样的社会主义思潮、实验逐渐兴起。其中，法国的圣西门、英国的傅立叶和欧文作为抨击资本主义制度的杰出代表，而成为了空想社会主义的思想先驱。但在当时，他们的美好愿望并不能立即转化为客观现实。在恩格斯看来，这是由当时的社会状况和社会基本矛盾所决定的。恩格斯指出，在19世纪初，“资本主义生产方式以及随之而来的资产阶级和无产阶级之间的对立还没有得到发展”。这集中表现在，社会化的生产方式处于起步阶段，“在英国刚刚兴起的大工业，在法国还不为人所知”。这种生产方式所引发的各种社会矛盾仍处于萌芽阶段，“新的社会制度所产生的冲突还只是开始形成，那么，解决这些冲突的手段就更是这样了”。革命的主体过于幼小，“在当时刚刚作为新阶级的胚胎从这些无财产的群众中分离出来的无产阶级，还完全无力采取独立的政治行动”[3]。因此，空想社会主义的根本局限在于，其创始人的“不成熟的理论，是同不成熟的资本主义生产状况、不成熟的阶级状况相适应的”。在这个意义上，他们给出的“消除社会弊病”的制度无论多么完美，也只能停留在头脑的思维和理性之中，只能“通过宣传，可能时通过典型示范，从外面强加于社会”。而且，这些思想“越是制定得详尽周密，就越是要陷入纯粹的幻想”[4]。由此可见，杜林之流仍停留在对这些空想的挑剔之中，足见其思想的幼稚无知。

恩格斯进一步指出，在批判资本主义方面，空想社会主义的创始人有许多“突破幻想的外壳而显露出来的天才的思想萌芽和天才的思想”，值得注意。法国的圣西门提出了“人人劳动”原则，矛头直指不劳而获的有产阶级。他“认识到法国革命是贵族、资产阶级和无财产者之间的阶级斗争”，也超越了他所处的时代。他宣布“政治是关于生产的科学，并且预言政治将完全溶化在经济中”。“由于他有这种眼光，后来的社会主义者的几乎所有并非严格意义上的经济学思想都以萌芽状态包含在他的思想中。”[5] 英国的傅立叶，不仅“无情地揭露资产阶级世界在物质上和道德上的贫困”，而且第一个表述了这样的思想：“在任何社会中，妇女解放的程度是衡量普遍解放的天然尺度。”[6] 圣西门最了不起的地方，是较为辩证地看待社会历史。他指出，资本主义社会虽然以所谓文明克服了传统的蒙昧、宗法、野蛮，但“这种文明制度使野蛮时代每一以简单方式犯下的罪恶，都采取了复杂的、暧昧的、两面的、虚伪的存在形式”[7]。因此，“文明时代是在‘恶性循环’中运动，是在它不断地重新制造出来而又无法克服的矛盾中运动，因此，它所达到的结果总是同它希望达到或者佯言希望达到的相反”。在资本主义社会，“贫困是由过剩本身产生的”[8]。对此，恩格斯给予了高度评价，“正如康德把地球将来要归于灭亡的思想引入自然科学一样，傅立叶把人类将来要归于灭亡的思想引入了历史研究”[9]。针对英国工业革命后出现的“社会越来越迅速地分化为大资本家和一无所有的无产者”的社会弊病，英国的欧文作为一个名副其实的实业家、改革家和“天生的领导者”，致力于发展人性化管理，改善工人的工作、生活环境和推行最早的幼儿教育，并在苏格兰成功建立模范移民区。“欧文的共产主义就是通过这种纯粹营业的方式，作为所谓商业计算的果实产生出来的。它始终都保持着这种面向实际的性质。”[10] 但欧文转向共产主义，“情况就完全变了。在他看来，阻碍社会改革的首先有三大障碍：私有制、宗教和现在的婚姻形式。他知道，他向这些障碍进攻”，使他不得不面对整个资本主义的排斥。他后来在美国的共产主义试验，也以失败告终。恩格斯深刻地指出，尽管欧文的“社会改革的方法……各种细节的安排甚至从专家的眼光看来也很少有什么可以挑剔的”[11]，但“因为他们还不能求助于同时代的历史”[12] 的缘故，而只能遗憾地处于空想阶段。

恩格斯最后指出，杜林把伟大的空想主义者称为“社会炼金术士”，而实际上他本人正是一个怀旧的“社会炼金术士”。因为不是从生产方式和阶级斗争的现实矛盾出发，“而是从自己至上的脑袋中硬造出一种新的空想的社会制度”[13]，是一切“社会炼金术士”的通病。

二 | 社会主义社会的基本特征

在《反杜林论》社会主义编第二章“理论”中，恩格斯对科学社会主义的“理论”进行了透彻的分析阐述，以简明有力的语言概述了资本主义必然灭亡、社会主义必然胜利的历史规律，并对未来社会主义制度的基本特征作出了判断。

恩格斯首先指明了唯物主义历史观的基本原理。他说：“生产以及随生产而来的产品交换是一切社会制度的基础；在每个历史地出现的社会中，产品分配以及和它相伴随的社会之划分为阶级或等级，是由生产什么、怎样生产以及怎样交换产品来决定的。”[14] 这不是提供某种万能教条，而是告诉人们，如实地揭示客观现实本身，对于科学社会主义是多么的重要。

恩格斯指出：“一切社会变迁和政治变革的终极原因，不应当到人们的头脑中，到人们对永恒的真理和正义的日益增进的认识中去寻找，而应当到生产方式和交换方式的变更中去寻找；不应当到有关时代的哲学中去寻找，而应当到有关时代的经济中去寻找。”[15] 要消除“现存社会制度的不合理性和不公平”，单靠抽象理性、思辨概念是远远不够的。实际上，“用来消除已经发现的弊病的手段，也必然以或多或少发展了的形式存在于已经发生变化的生产关系本身中。这些手段不应当从头脑中发明出来，而应当通过头脑从生产的现成物质事实中发现出来”[16]。

恩格斯进而揭示了现代社会主义的真正内涵。资本主义制度是由资产阶级在摧毁了封建制度的基础上创立的。尽管“在资产阶级领导下造成的生产力，就以前所未闻的速度和前所未闻的规模发展起来了。但是，正如从前工场手工业以及在它影响下进一步发展了的手工业同封建的行会桎梏发生冲突一样，大工业得到比较充分的发展时就同资本主义生产方式用来限制它的框框发生冲突了”[17]。“生产力和生产方式之间的这种冲突，是存在于事实中，客观地、在我们之外、甚至不依赖于引起这种冲突的那些人的意志或行动而存在着。”[18]而现代社会主义则“不过是这种实际冲突在思想上的反映，是它在头脑中，首先是在那个直接吃到它的苦头的阶级即工人阶级的头脑中的观念上的反映”[19]。因此，全面理解和剖析这些矛盾结构，正是科学社会主义的首要任务。

在恩格斯看来，在资本主义产生之前，普遍存在着以劳动者私人占有生产资料为基础的小生产，即小农的农业和城市手工业。这种生产形式“必然是小的、简陋的、有限的”。“资本主义生产方式及其承担者即资产阶级的历史作用”就在于“经过简单协作、工场手工业和大工业这三个阶段历史地实现了”生产的社会化。这种社会化大生产首先体现为强大的生产力，例如，“纺纱机、机械织机和蒸汽锤代替了纺车、手工织机和手工锻锤”；其次，体现为生产的高度协作，“需要成百上千的人进行协作的工厂代替了小作坊”；最后，“产品也从个人的产品变成了社会的产品”[20]。由于社会分工的作用，“使全部旧的生产方式革命化了”。“它在整个社会中占支配地位的自发的无计划的分工中间，确立了在个别工厂里的有组织的有计划的分工；在个体生产旁边出现了社会的生产。”可以说，“它的产生，是同商品生产和商品交换的一定的已经存在的杠杆即商人资本、手工业、雇佣劳动直接联系着的”[21]。但与中世纪传统商品生产不同的是，“从前，劳动资料的占有者占有产品，因为这些产品通常是他自己的产品，别人的辅助劳动是一种例外，而现在，劳动资料的占有者还继续占有产品，虽然这些产品已经不是他的产品，而完全是别人劳动的产品了。这样，现在按社会方式生产的产品已经不归那些真正使用生产资料和真正生产这些产品的人占有，而是归资本家占有。生产资料和生产实质上已经变成社会的了”[22]。工人阶级是财富的创造者，是推动社会生产发展的主体力量，却只能拿回自己工资可支付的那一小部分产品；资本家通过对无产阶级的控制，他们不劳而获，独占生产资料，掌握劳动产品的所有权。因此，资本主义的生产方式“已经包含着许多的一切冲突的萌芽”[23]。也就是说，“社会化生产与资本主义占有”是资本主义生产方式的根本矛盾。

恩格斯进一步指出，由于“雇佣劳动以前是一种例外和辅助办法，现在成了整个生产的通例和基本形式”，因而“社会的生产和资本主义占有之间的矛盾表现为无产阶级和资产阶级的对立”[24]。“随着商品生产的扩展，特别是随着资本主义生产方式的出现，以前潜伏着的商品生产规律也就越来越公开、越来越有力地发挥作用了。”而另一方面，资本主义生产方式下的“生产者丧失了对他们自己的社会关系的控制。……谁也不知道，他的那种商品在市场上会出现多少，究竟需要多少；谁也不知道，他的个人产品是否真正为人所需要，是否能收回它的成本，到底是否能卖出去。社会生产的无政府状态占统治地位”[25]。资本主义生产方式不仅使这种无政府状态越来越走向极端，而且通过自由竞争和世界市场，“使它具有了空前的剧烈性”[26]。这具体表现在，参与竞争的资本家、企业主、个别生产企业的组织性日益提高。为在竞争中立于不败之地，他们必须时刻保持高度理性。如科学地判断市场需求，根据需求变化组织生产；及时利用先进技术改进劳动工艺，提高生产效率，建立价格优势；自觉实行科学化管理，有效整合人力、物力，刺激、拉动生产效率；等等。而单纯依靠市场的自发调节，不仅是对资源的巨大浪费，而且社会生产的无政府状态也难以消除。因而，“社会的生产和资本主义占有之间的矛盾表现为个别工厂中的生产组织性和整个社会中生产的无政府状态之间的对立”[27]。

恩格斯指出:“资本主义生产方式在它生而具有的矛盾的这两种表现形式中运动着，它毫无出路地处在早已为傅立叶所发现的‘恶性循环’中。”这是因为，为克服社会生产的无政府状态，资本不得不无止境地改进机器，日益用机器代替人力，以提高生产效率，节约生产费用。这样一来，机器的改进就造成了人的劳动力的过剩。“机器的改进就意味着越来越多的机器劳动者本身受到排挤，而归根到底就意味着造成一批超过资本雇工的平均需要的、可供支配的雇佣劳动者，一支真正的产业后备军。”[28]劳动力的相对过剩，使得工人阶级的有限的可支付的消费能力与社会财富、商品的飞速增长，越来越不匹配。一边是社会财富日益丰富，商品生产能力空前强大；一边是相对“贫困”的消费能力。这个矛盾与资本主义生产方式始终伴随，必然造成资本主义周期性的经济危机。这是资本主义生产方式发展的必然。在马克思、恩格斯生活的年代，“差不多每隔十年就要出轨一次。交易停顿，市场盈溢，产品大量滞销积压，银根奇紧，信用停止，工厂停工，工人群众因为他们生产的生活资料过多而缺乏生活资料，破产相继发生，拍卖纷至沓来。停滞状态持续几年，生产力和产品被大量浪费和破坏”[29]。正如恩格斯所概括的，“在危机中，社会性生产和资本主义占有之间的矛盾剧烈地爆发出来。商品流通暂时停顿下来；流通手段即货币成为流通的障碍；商品生产和商品流通的一切规律都颠倒过来了。经济的冲突达到了顶点:生产方式起来反对交换方式，生产力起来反对已经被它超过的生产方式”[30]。经济危机的存在充分显现了资本主义生产关系的腐朽性。它表明，资本主义已经无力驾驭日益发展的社会生产力，但它仍然要横亘在劳动者与生产资料之间，阻止其自由结合。生产力发展以日益增长的威力要求消除这种矛盾，要求摆脱资本主义制度。

这里需要注意区分资本主义经济危机和危机的具体表现形式。既不能因为资本主义阶级矛盾的缓和，如当代西方社会表现的那样，而否定经济危机的存在及其客观必然性，也不能主观地把资本在某一历史时期的表现形式强加于任何时代。

自由竞争时期，资本主义的注意力主要在生产领域。一味生产商品，强占、开拓市场，是其经济活动的主要目标、模式。这在逻辑上也包括近代殖民在内，因为政治暴力是为经济目的服务的。资产阶级和无产阶级的矛盾因而一度大大激化，共产主义运动于是便蓬勃兴起。而在进入国家垄断时期之后，资本的自我组织性大大增强。一方面，技术革命直接推动了生产效率的提高，一批批新兴产业相应产生，加之与此伴随而来的传统产业的高端化，资本的增殖空间便大大拓展。尤其是以高端科技为手段和对象的高级复合劳动，直接造成了剩余价值的级数增长。另一方面，资本直接推动了全球化，资本、技术、商品在全球不断扩展，世界市场逐步拓展，对疲软的国内市场形成了某种补充、延伸。在这一阶段，实行国家宏观调控和自觉重视、利用公共政策，也属于资本主义的重大自我调整。它不改变资本的阶级实质，但可以缓和阶级矛盾。

资本主义发展到今天，能够刺激经济增长的“主导”领域，已经不再局限于生产活动本身，而是工人阶级日益发展起来的消费领域。商品必须卖出去，对于资本才具有意义。要成功出售商品，资本家就必须想方设法改变、提升消费者，——主要即工人阶级的现实消费能力。一般提高工资并不是良方，因为这总是作为社会经济发展的整体结果而必然出现的。于是，资本把重点放在了工人阶级生活质量的改善上，主要是推广现代耐用品（主要为家电、小汽车）消费和标准化住房，及相应的现代化配套设施。这带来了两个好处：

一是刺激工人提前消费，预支工资，这可以通过金融贷款政策而方便地实现；二是促使阶级结构发生变化，随着生活质量的改善，中产阶级即一般地富裕起来的工人阶级，再加上部分工人贵族，成为工人阶级队伍的主要组成部分。而社会阶级的两头，资本家和贫困无产阶级，在数量上相对变小。这种橄榄球式的结构，十分有利于阶级矛盾的缓解。

但这并不是说资本的经济危机就一劳永逸地消除了。无论在逻辑上，还是在现实中，这都是不可能的。在消费社会阶段，阶级矛盾固然有所缓和，但资本危机实际上是被延迟了，或者不断向未来挤压。尤其是在金融领域，实体经济的微薄增殖空间不能让资本满意，虚拟经济便日益发挥其观念、意志的反向刺激作用。这的确能够暂解一时之困。预支性消费满足了工人阶级的当下消费需求，同时也是把剥削的触手直接由现在通向未来。当然，这归根到底还是把工人阶级牢牢地拴在了预期消费能力不足的境地，而迫使其不停地为当下预支货币。但物质生产的发展总是有其限度的，决定工人消费能力的，首先还是其微不足道的工资额。虚拟经济可以改变财富的分布，但生产不了财富本身。到了一定时候，预支的货币便难以收回。这个时候，金融危机往往就会到来。

恩格斯指出，猛烈增长着的生产力对它的资本属性的这种反作用力，“要求承认生产力的社会本性的这种日益增长的压力，迫使资本家阶级本身在资本关系内部可能的限度内，越来越把生产力当做社会生产力看待”[31]。股份制和财产国有化作为资本主义所有制的新形式，就是生产资料社会化形式的代表。股份公司的产生和经济领域中的国有化是一个客观过程。股份制，最初是私有制实现方式的社会化形式。在资本主义制度下，资本家不能一味独占生产资料，还必须寻求社会化的使用方式，才能为增殖创造增长点。为了夺取更大的剩余价值，就要学会向劳动者让渡自己的既得利益。让渡，是为了更好地占有。股份制对私有者直接来讲意味着损失，因为工人阶级分了资本家的蛋糕，实质上不过把由其创造的那个价值的一小部分拿回来而已。对于股份的持有者，则意味着资本所有权的社会化。股份制的性质，要看股份即资产的主要份额掌握在谁手中。国有化，就是以一定的形式把财产收归国有，由国家控制、管理。由于资本主义国家是资本主义的国家机器，是资本家的政治代表，是理想中的总资本家，因而资本的统治地位在这里没有变化，但资本主义生产方式的计划因素有所增长。“生产力归国家所有不是冲突的解决，但是这里包含着解决冲突的形式上的手段，解决冲突的线索。”[32]因此，这两种新形式，一方面，“表明资产阶级在这方面是多余的”[33]；另一方面，它们“都没有消除生产力的资本属性”，只不过是把资本关系日益推向了顶点。

恩格斯以唯物史观为基础明确指出，要克服资本主义这些内在矛盾，“只能是在事实上承认现代生产力的社会本性，因而也就是使生产、占有和交换的方式同生产资料的社会性相适应”[34]。在恩格斯看来，社会生产力“完全像自然力一样，在我们还没有认识和考虑到它们的时候，起着盲目的、强制的和破坏的作用”，强制性地和破坏性地为自己开辟道路；“而随着社会占有生产力，这种社会性就将为生产者完全自觉地运用，并且从造成混乱和周期性崩溃的原因变为生产本身的最有力的杠杆”[35]。恩格斯指出：“当人们按照今天的生产力终于被认识了的本性来对待这种生产力的时候，社会的生产无政府状态就让位于按照社会总体和每个成员的需要对生产进行的社会的有计划的调节。那时，资本主义的占有方式，即产品起初奴役生产者而后又奴役占有者的占有方式，就让位于那种以现代生产资料的本性为基础的产品占有方式：一方面由社会直接占有，作为维持和扩大生产的资料；另一方面由个人直接占有，作为生活资料和享受资料。”[36]这就是说，社会主义公有制并不是要用公有制“取消”个人占有，而是为个人占有、个人自由全面发展创造前提。恩格斯此处的阐述与马克思《资本论》的逻辑是一脉相承的。

恩格斯以上述认识为基础，预见性地分析了社会主义制度的基本特征。“无产阶级将取得国家政权，并且首先把生产资料变为国家财产。但是这样一来，它就消灭了作为无产阶级的自身，消灭了一切阶级差别和阶级对立，也消灭了作为国家的国家。”[37]一般来说，国家只是阶级对立社会的产物，是阶级统治的需要。但“当国家终于真正成为整个社会的代表时，它就使自己成为多余的了。当不再有需要加以镇压的社会阶级的时候，当阶级统治和根源于至今的生产无政府状态的个体生存斗争已被消除，而由此二者产生的冲突和极端行动也随着被消除了的时候”，“对人的统治将由对物的管理和对生产过程的领导所代替。国家不是‘被废除’的，它是自行消亡的”[38]。这是恩格斯对当时在国家问题上比较流行的两种极端观念的明确回应。一个是无政府主义，它宣称要在一天之内废除国家，这种激进立场根本无视历史发展的客观事实。另一个是机会主义，它宣扬要建立自由的人民国家，沉迷于对现代资产阶级国家形式的盲目崇拜，这实质是对社会主义原则的违背。

恩格斯明确指出，社会主义的实现和国家的消除，并不是随心所欲就能实现的，“只有在实现它的物质条件已经具备的时候，才能成为可能，才能成为历史的必然性”[39]。恩格斯同时指出，国家是否需要，不仅要看社会经济的实际发展，还要根据其阶级状况，而社会阶级的消灭也不是随随便便就可以实现的。分工的规律是阶级划分的基础。“只要社会总劳动所提供的产品除了满足社会全体成员最起码的生活需要以外只有少量剩余，就是说，只要劳动还占去社会大多数成员的全部或几乎全部时间，这个社会就必然划分为阶级。”[40]因此，“社会阶级的消灭是以生产高度发展的阶段为前提的”[41]。从这个意义上讲，虽然在逻辑上社会主义并不需要国家，但在阶级尚未消灭，人类社会尚未全面进入共产主义社会的时候，社会主义仍然需要国家机器，以维护其统治地位和对社会进行管理。这是恩格斯根据国际共产主义运动的历史和现实经验，对马克思主义的国家观的全面阐述。巴黎公社的经验教训说明，无产阶级如果不及时掌握国家机器及其暴力武器，就不能维护自身的存在。对于社会主义而言，这是不能随意拒斥的前提。

恩格斯进一步指出，“社会阶级的消灭是以生产高度发展的阶段为前提的”[42]，而“把生产资料从这种桎梏下解放出来，是生产力不断地加速发展的唯一先决条件，因而也是生产本身实际上无限增长的唯一先决条件”[43]。资本主义的经济危机已反复证明，社会主义具有资本主义所无法比拟的优越性。这种优越性就在于，“一旦社会占有了生产资料，商品生产就将被消除，而产品对生产者的统治也将随之消除。社会生产内部的无政府状态将为有计划的自觉的组织所代替”。因此，只有在社会主义条件下，“人们第一次成为自然界的自觉的和真正的主人，因为他们已经成为自身的社会结合的主人了”。人们因而才能实现真正的自由。这是因为，“只是从这时起，人们才完全自觉地自己创造自己的历史；只是从这时起，由人们使之起作用的社会原因才大部分并且越来越多地达到他们所预期的结果。这是人类从必然王国进入自由王国的飞跃”[44]。恩格斯在这里，延续了《共产党宣言》中的思想，强调指出:“完成这一解放世界的事业，是现代无产阶级的历史使命。深入考察这一事业的历史条件以及这一事业的性质本身，从而使负有使命完成这一事业的今天受压迫的阶级认识到自己的行动的条件和性质，这就是无产阶级运动的理论表现即科学社会主义的任务。”[45]

社会主义事业，是一项前无古人的创举。马克思主义从来不是教条，而是以活生生的社会现实为基础的。坚持用科学的立场、方法揭示外部事物的运动规律，而不是自说自话、卖弄教条，才能为社会主义运动和实践提供真正有价值的思想指导。那些仅仅停留在理论、公式，凭着几条原理解决一切问题的做法，恰恰是旧哲学以及杜林哲学所采用的方式和虚假立场。

随着新的现实问题的解决，科学社会主义作为无产阶级运动的理论表现，也必然改变自己的形态，发展出全新的历史内涵。马克思主义哲学与现实人类社会，始终是互动的、相互生成的。科学社会主义理论，必然是与时俱进的。

三 认清现代大工业的实质

在《反杜林论》社会主义编第三章“生产”中，恩格斯通过批判杜林的危机理论和关于分工的错误思想，科学地阐述了现代大工业的实质。

恩格斯首先指出，马克思主义与杜林主义的根本区别就在于，马克思主义认为，社会主义是“历史发展的必然产物”和“现代经济条件的产物”；杜林主义则把社会主义看成是所谓的“最后的终极的真理”[46]。

正是基于这样的原则上的不同，杜林表述了他的极为荒唐的危机理论。在他看来，“周期性的工业危机”，不过是对“常态”的偶然偏离，“决不具有像我们认为它们应该具有的那样的历史意义”。危机的产生，不是因为生产过剩，而是“因为人民消费的落后……因为人为地造成的消费不足”[47]；而且“个别企业家的急躁和个人考虑不周，也应该算作造成供给过剩的原因”[48]。针对这些谬论，恩格斯指出，群众的消费不足，作为“数千年来的经常的历史现象”，“是一切建立在剥削基础上的社会形式的一个必要条件，因而也是资本主义社会形式的一个必然条件；但是，只有资本主义的生产形式才使群众的消费不足达到危机的地步”[49]。辩证地看，“群众的消费不足，也是危机的一个先决条件”。恩格斯通过对制铁工业和棉纺织工业中经济危机现象的分析，科学地指出，“造成”急躁和个人考虑不周的“原因”正是“资本主义生产的这种无计划性”。在此，恩格斯全面概括了马克思主义的经济危机观，以彻底揭示杜林主义虚伪的本质。恩格斯明确提出，资本主义经济危机，是资本主义生产方式不可避免的、必然产生的，它是资本主义生产方式本身的危机，具有“作为社会变革的强制手段的意义”[50]。

针对杜林企图用“经济公社”取代马克思“公共所有制”的错误观点，恩格斯同样予以了批驳。杜林认为，出于他的社会主义所根植的普遍的公平原则，所谓的经济公社“是‘人们的共同体，这些人由支配一个区域的土地和一批生产企业的公共权利相互联合起来，共同活动，共同分配收入’”[51]。恩格斯指出，杜林根本没有注意到生产和分工，他的这种“经济公社”“由于生产是完全依照从前的样式进行的，只是公社代替了资本家而已”[52]，因而是自相矛盾的。

通过批判杜林的庸俗经济学立场，恩格斯阐明了马克思主义的分工观。在恩格斯看来，到目前为止的一切生产的基本形式是分工。“一方面是社会内部的分工，另一方面是每一单个生产机构内部的分工。”[53]城市和乡村的分离，是人类历史的第一次社会大分工。分工是资本主义生产方式的前提，不同的人专门从事某类活动，生产特定种类的商品，普遍交换及其自由竞争才可能产生和发展。分工确实带来了社会生产的总体丰富性，但直接来讲则意味着人的能力、个性的片面化甚至畸形化发展。分工就是把人束缚于单一的劳动、活动。比如，城乡分离就“破坏了农村居民的精神发展的基础和城市居民的肉体发展的基础”[54]。大工业的机器则使工人“从一台机器下降为机器的单纯附属物”[55]。对此，杜林却认为，这按照事物的本性来讲是无可避免的，“只要注意到各种不同的自然状况的事实和个人的能力，就可以说是解决了”[56]。恩格斯指出，“到目前为止的社会中，总是‘错误的分工’占支配地位；但是，这种错误的分工表现在哪里”才是问题的关键所在。在马克思主义看来，“错误的分工”之所以产生，正是因为“在生产自发地发展起来的一切社会中（今天的社会也属于这样的社会），不是生产者支配生产资料，而是生产资料支配生产者”。因此，不彻底变革社会，就不可能消除“错误的分工”。实际上，空想社会主义者已经认识到分工的消极性在于“一方面是工人的畸形发展，另一方面是劳动活动本身的畸形发展”[57]。比如，欧文和傅立叶，都要求消灭城乡对立，要求无论在农业还是工业，“每个人尽可能多地调换工种，并且要求相应地训练青年从事尽可能全面的技术活动”[58]。人应当提供全面的实践活动获得全面的发展。因此，“他们两人都远远地超出了杜林先生所承袭的剥削阶级的思维方式”[59]。

恩格斯指出，在科学社会主义看来，旧的生产方式必须变革，旧的分工必须消灭，这是以“社会成为生产资料的主人”为前提的。因为只有“在社会范围内有计划地利用这些生产资料的时候，社会就消灭了迄今为止的人自己的生产资料对人的奴役。不言而喻，要不是每一个人都得到解放，社会也不能得到解放”[60]。“这样，生产劳动就不再是奴役人的手段，而成了解放人的手段，因此，生产劳动从负担变成了一种欢乐。”[61] 恩格斯进一步强调，旧分工的消灭，同样是以大工业即生产力的高度发展为物质条件的。现代大工业本质上属于社会化大生产，从劳动资料到劳动工具再到劳动产品，无一不是全社会普遍的物质变换和普遍交往的结果。“大工业的技术基础是革命的。”按照现代生产力发展的自身逻辑，它内在的就是要打破旧的分工形式的，按其本性就是要形成社会劳动的普遍变换和工人的全面流动性，从而“用那种把不同社会职能当做互相交替的活动方式的全面发展的个人，来代替只是承担一种社会局部职能的局部个人”[62]。因此，“消灭旧的分工，也不是只有靠牺牲劳动生产率才能实现”。同时，由于大工业在很大程度上使工业生产摆脱了地方的局限性，因而使消灭城乡差别不仅成为可能，而且“成为工业生产本身的直接必需”[63]。当然，要彻底解决资本主义的这些矛盾，“只有消灭现代工业的资本主义性质才有可能”。因此，不重视生产，不重视对生产方式的批判，不从生产及其分工出发看待问题，社会主义就超越不了庸俗经济学。

由此，恩格斯从方法论的高度指出：“必须从大工业的历史中，从它目前的现实状况中，特别是从那个成为大工业发源地并唯一地使大工业获得典型发展的国家中，去了解真正的大工业；这样就不会想到要把现代科学社会主义浅薄化，并把它降低为杜林先生的独特的普鲁士的社会主义。”[64]

四｜单纯改良分配形式没有出路

在《反杜林论》社会主义编第四章“分配”中，恩格斯延续了经济学编第六章对杜林的分配观的批判，科学地阐述了马克思主义分配原则的实质。

恩格斯批判性地指出，杜林的社会主义归结为这样一个命题：“资本主义的生产方式很好，可以继续存在，但是资本主义的分配方式很坏，一定得消失。现在我们看出，杜林先生的‘共同社会’不过是这一命题在幻想中的实现。事实表明：杜林先生对资本主义社会的生产方式（就其本身来说）几乎根本没有提出任何异议，他要保持旧的分工的一切基本方面，所以对他的经济公社内部的生产，也差不多连一个字都说不出来。”[65] 恩格斯的批评是恰如其分的。杜林非常成功地回避了问题，但绝没有成功地提出问题和解决问题。究其根源就在于，杜林的分配观是他的“社会炼金术”，其中“分配是和生产根本没有联系的，……分配不是由生产来决定，而是由纯粹的意志行为来决定的”[66]。

在杜林看来，在经济学上存在一个永恒原则即等量交换原则。他的经济公社在经济学上的变革，就是实行等量劳动交换原则。撇开外部的资本制度，撇开现实的生产资料私有制，撇开剥削，我们来看看这样囿于纯商业领域的制度设计，是否具有指向共产主义的惊天伟力。杜林认为：“在经济公社和包括许多经济公社的商业公社里，平等的消费权利是和平等的生产义务相适应的。在这里，‘一种劳动……按照平等估价的原则和别种劳动相交换……贡献和报酬在这里是真正相等的劳动量’。”[67]工资应该成为经济收入的唯一形式，同等工资同等价格，剩余、积累及由此带来的剥削就清除了，普遍的公平原则就实现了。

但这样做只会造成两个结果。如果生产还不够发达，那么社会就必须进行剩余劳动，必须进行积累以维持再生产；如果只是“用多少、换多少、消费多少”，那么生产只能原地踏步，社会还谈得上什么发展？这样一来，甚至连问题本身也没有讨论的必要和可能了。由于人的劳动能力始终存在差别，公社成员或者公社之间难免出现贫富分化。顺应其自然发展，私人积累就会发生，这将重新演绎资本主义的发家史。恩格斯指出，在杜林这里，“积累完全被遗忘了。更糟糕的是：因为积累是社会的必需，而货币的保存是积累的方便形式，所以经济公社的组织就直接要求它的成员去进行私人积累，从而破坏公社自身”[68]。

杜林对于经济公社交换形式和货币的认识之浅薄，也到了无以复加的地步。杜林认为，经济公社依然存在交换，交换以金属货币为中介。但所谓等量交换的实质，正是以取消商品货币关系为前提，如果仍然使用货币衡量劳动产品的价值，那么它绝对不能再执行货币的职能，而是借以衡量劳动付出的劳动券。“这种货币决不是货币，决不执行货币的职能。它成为纯粹的劳动券。”[69] 在这里，交换已经是纯粹的实物交换，人们直接以劳动时间来计量物品的价值，而这只要有簿记就足够了。但即使如此，杜林也无法阻挡私人积累的发生，随着贫富分化，等量消费就会出现裂缝。这对公社成员“于是就提供一种可能，不通过自己的劳动而通过其他途径去获得这些货币”[70]，即贮藏货币和借债。于是，货币或者真正的货币便产生了，作为支付生活质量的费用而为公社所接受。它又成了人类劳动的社会表现。

在恩格斯看来，杜林的经济公社只不过是从他对价值和货币的模糊概念中产生的。为了从根本上澄清其错误观念，恩格斯再次展开对劳动价值论的分析和论述。恩格斯指出，“经济学所知道的唯一的价值就是商品的价值”[71]。在商品社会，商品既是私人产品也是社会的产品，是由私人专门为社会生产的东西，专门为出卖而生产的物品。商品的价值具体体现在如下方面：“(1) 它是一个对社会有用的产品；(2) 它是由私人为了私人的打算生产出来的；(3) 它虽然是私人劳动的产品，但同时又是社会劳动的产品（这一点似乎是生产者所不知道的而且似乎是违背他们意愿的），而且是以社会方法即通过交换来确定的一定量的社会劳动的产品；(4) 我表现这个数量，不是用劳动本身，也不是用若干劳动小时，而是用另外一个商品。”[72] 因此，商品价值的衡量和实现，是“迂回地以交换为中介来进行的，是相对的”[73]。随着交换的发展，社会逐渐需要用一种专门的商品来“象征”价值本身，用它来方便地计量、化约商品的价值。货币就这样形成了。可见，在价值和货币的形式中已经包含着资本主义生产方式的全部萌芽。当然，社会“一旦占有生产资料并且以直接社会化的形式把它们应用于生产”，一个产品所包含的劳动量，就可以不必首先采用迂回的形式加以确定，“日常的经验就直接显示出这个产品平均需要多少数量的社会劳动”[74]。这是《资本论》

的科学研究已经揭示和证明了的。马克思主义对价值、货币和资本的认识，正是从对社会经济现实的客观分析而来的。

恩格斯进一步指出，“价值概念是商品生产的经济条件的最一般的、因而也是最广泛的表现”。“因此，在产品的价值形式中，已经包含着整个资本主义生产形式、资本家和雇佣工人的对立、产业后备军和危机的萌芽。”在这个意义上，企图用制造“真正的价值”的办法来消灭资本主义的生产形式，无疑是自欺欺人的。恩格斯再次重申了经济学编第六章中关于“劳动的价值是自相矛盾”的观点，具体指出了“不用劳动的最恰当的尺度即时间，而用劳动的产品来衡量劳动”[75]的弊端。在马克思主义的劳动价值论看来，杜林的劳动和劳动根据平等估价的原则相交换，“这句话如果还有某种意义的话——就是说，等量社会劳动的产品可以相互交换，这也就是价值规律，正是商品生产的基本规律，也就是商品生产的最高形式，即资本主义生产的基本规律。在目前的社会中，它以各种经济规律在私人生产者的社会里唯一能为自己开辟道路的那种方式为自己开辟道路，即作为存在于事物和关系中的、不以生产者的愿望或活动为转移的、盲目地起作用的自然规律为自己开辟道路”[76]。“杜林先生把这一规律提升为他的经济公社的基本规律，并且要求公社完全自觉地实施这个规律，这样，他就使现存社会的基本规律成为他的幻想社会的基本规律。”[77]由此可以看出，杜林主义“想以幻想的结果来消灭价值规律的现实结果”，不仅是自相矛盾的，而且不可能有任何出路。

五 以科学社会主义为原则为未来社会的发展指明方向

在《反杜林论》社会主义编第五章“国家，家庭，教育”中，恩格斯根据历史唯物主义的基本原理，对杜林的国家观、宗教观、家庭观、教育观进行了批判，以科学社会主义为原则为未来社会的发展指明了方向。

恩格斯指出，杜林关于未来国家制度的表述，是以所谓的“个人的主权”为基础的。按照这一逻辑，“如果假定人和人之间在一切方面都有协定，如果这些契约以相互帮助来反对不正当的侵害为目的，那么这时维护权利的力量就只会加强，而仅仅从众人对个人或多数对少数的优势中就引申不出某种权利”[78]。其中，“个人的主权”主要在于“绝对地服从国家”。这显然是对卢梭的拙劣模仿。

在杜林所虚构的未来国家中，宗教是其首要的敌人。在杜林看来，“在自由的社会里，不可能有任何膜拜；因为每个社会成员都克服了幼稚的原始的想象”[79]。这样，宗教依靠他的主观命令似乎就被彻底禁止了。恩格斯通过考察宗教发展的历史，以辩证的马克思主义宗教观，对杜林的错误观点进行了有力的驳斥。

恩格斯指出:“一切宗教不过是支配着人们日常生活的外部力量在人们头脑中的幻想的反映，在这种反映中，人间的力量采取了超人间的力量的形式。”[80]历史上各个地区和民族的宗教，“经历了极为不同和极为复杂的”发展形式和阶段。总的说来，宗教从“最初仅仅反映自然界的神秘力量的幻想的形象，现在又获得了社会的属性，成为历史力量的代表者”发展到一神教，并取得了“适宜的、方便的和普遍适用的形式”[81]。恩格斯进一步指出，“只要人们还处在异己的自然力量和社会力量的支配之下”，“宗教可以作为人们对这种支配着他们的力量的关系的直接形式即有感情的形式而继续存在”。恩格斯特别强调，“在目前的资产阶级社会中，人们就像受某种异己力量的支配一样，受自己所创造的经济关系、自己所生产的生产资料的支配。因此，宗教反映活动的事实基础就继续存在，而且宗教反映本身也同这种基础一起继续存在”[82]。由此可见，宗教的消亡，并不取决于人们的主观意愿，归根到底要看社会经济发展能够在何种程度上扬弃资本私有制，扬弃压迫人的现实力量。

在宗教禁止以后，杜林又设想："人们可以把现代的资产阶级家庭同它的整个经济基础分隔开来，而不会由此改变家庭的全部形式。"[83] 在他的心目中，甚至把"古代罗马法""当作家庭永远信奉的标准"。恩格斯指出，这种家庭观，不仅落后于空想社会主义，而且更落后于马克思主义。因为实际上，家庭采取何种历史的形式，归根到底取决于社会经济状况。正如马克思在《资本论》中所指出的，"由于大工业使妇女、男女少年和儿童在家庭范围以外，在社会的组织起来的生产过程中起着决定性的作用，也就为家庭和两性关系的更高级的形式创造了新的经济基础"[84]。

杜林在关注家庭问题之后，又提出了他关于教育的主张，"他不但为整个'可以预见到的未来'，而且还为过渡时期详尽地制定中小学计划和大学计划"[85]。恩格斯指出，在这些计划中，杜林所获取"自然科学思维方式的卓越的现代教育因素"，无论是关于数学、天文学、力学、物理学知识，还是关于植物学和动物学的内容，都是从儿童科普读物得来的。对宗教的排斥，使得他对美学教育采取了历史虚无主义的态度；从其狭隘的民族主义出发，他对语文学教育的理解"只剩下一种老式的、完全按照旧的古典语文学仿造的技术语法了"[86]。由于当时最新的科学成就无一进入杜林的法眼，其教育观念的幼稚，由此可见一斑。

恩格斯指出，尽管杜林对于"在社会主义社会中，劳动将和教育相结合，从而既使多方面的技术训练也使科学教育的实践基础得到保障"[87] 这一观念有所耳闻，但其维护"旧式分工"的立场，使他在这方面同样无所作为。在恩格斯看来，正如马克思所说的，"从工厂制度中萌发出了未来教育的幼芽"，"未来教育……就是生产劳动同智育和体育相结合，它不仅是提高社会生产的一种方法，而且是造就全面发展的人的唯一方法”[88]。按照这一原则，杜林关于大学教育和道德教育的错误观点，就根本不值得一驳。

总之，在社会主义编中，恩格斯回顾了现代社会主义思想的发展历程，再次明确指出了空想社会主义的局限。不管是对现行制度的人道批判，还是身体力行地开展共产主义试验，空想社会主义者的努力之所以都以愿望落空而收场，就在于他们不能科学地说明资本主义的生产方式和社会形态；缺乏科学的认识，便不会有成功而彻底的行动。唯物史观把历史归结到物质生产的生产方式，把生产方式归结到社会生产力，从生产力及其发展和物质生产方式出发，透视社会历史。这样的观点揭示了现实社会的真相。杜林之类的唯心主义，往往只看到精神、观念的东西。但精神、观念只是物质运动的主观表现。放弃真正基础性的东西不加研究，而只是抓住主观性认识，这无异于南辕北辙。

恩格斯运用马克思主义的世界观和历史观，彻底击碎了杜林社会主义学说的空洞、虚假和错误。在批判的过程中，恩格斯立足于对现实矛盾和社会历史矛盾的科学分析，对未来社会主义社会的基本特性作了明确概括。恩格斯分析问题所运用的立场、观点和方法，体现了马克思主义的哲学、经济学和社会主义之间的内在联系，真正体现出马克思主义作为完整科学体系的灵魂所在。

【本章注释】

[1]《马克思恩格斯文集》第 9 卷，人民出版社 2009 年版，第 272 页。

[2]《马克思恩格斯文集》第 9 卷，人民出版社 2009 年版，第 273 页。

[3]《马克思恩格斯文集》第 9 卷，人民出版社 2009 年版，第 273 页—第 274 页。

[4]《马克思恩格斯文集》第 9 卷，人民出版社 2009 年版，第 274 页。

[5]《马克思恩格斯文集》第 9 卷，人民出版社 2009 年版，第 275 页。

[6]《马克思恩格斯文集》第9卷，人民出版社2009年版，第276页。

[7]《马克思恩格斯文集》第9卷，人民出版社2009年版，第276页。

[8]《马克思恩格斯文集》第9卷，人民出版社2009年版，第277页。

[9]《马克思恩格斯文集》第9卷，人民出版社2009年版，第277页。

[10]《马克思恩格斯文集》第9卷，人民出版社2009年版，第280页。

[11]《马克思恩格斯文集》第9卷，人民出版社2009年版，第281页。

[12]《马克思恩格斯文集》第9卷，人民出版社2009年版，第282页。

[13]《马克思恩格斯文集》第9卷，人民出版社2009年版，第283页。

[14]《马克思恩格斯文集》第9卷，人民出版社2009年版，第283页—第284页。

[15]《马克思恩格斯文集》第9卷，人民出版社2009年版，第284页。

[16]《马克思恩格斯文集》第9卷，人民出版社2009年版，第284页。

[17]《马克思恩格斯文集》第9卷，人民出版社2009年版，第284页。

[18]《马克思恩格斯文集》第9卷，人民出版社2009年版，第285页。

[19]《马克思恩格斯文集》第9卷，人民出版社2009年版，第285页。

[20]《马克思恩格斯文集》第9卷，人民出版社2009年版，第285页。

[21]《马克思恩格斯文集》第9卷，人民出版社2009年版，第286页。

[22]《马克思恩格斯文集》第9卷，人民出版社2009年版，第287页。

[23]《马克思恩格斯文集》第9卷，人民出版社2009年版，第287页。

[24]《马克思恩格斯文集》第9卷，人民出版社2009年版，第287页。

[25]《马克思恩格斯文集》第9卷，人民出版社2009年版，第288页。

[26]《马克思恩格斯文集》第9卷，人民出版社2009年版，第290页。

[27]《马克思恩格斯文集》第9卷，人民出版社2009年版，第290页。

[28]《马克思恩格斯文集》第9卷，人民出版社2009年版，第291页。

[29]《马克思恩格斯文集》第9卷，人民出版社2009年版，第292页。

[30]《马克思恩格斯文集》第9卷，人民出版社2009年版，第293页。

[31]《马克思恩格斯文集》第9卷，人民出版社2009年版，第294页。

[32]《马克思恩格斯文集》第9卷，人民出版社2009年版，第295页。

[33]《马克思恩格斯文集》第9卷，人民出版社2009年版，第295页。

[34]《马克思恩格斯文集》第9卷，人民出版社2009年版，第295页。

[35]《马克思恩格斯文集》第9卷，人民出版社2009年版，第296页。
[36]《马克思恩格斯文集》第9卷，人民出版社2009年版，第296页。
[37]《马克思恩格斯文集》第9卷，人民出版社2009年版，第297页。
[38]《马克思恩格斯文集》第9卷，人民出版社2009年版，第297页。
[39]《马克思恩格斯文集》第9卷，人民出版社2009年版，第298页。
[40]《马克思恩格斯文集》第9卷，人民出版社2009年版，第298页。
[41]《马克思恩格斯文集》第9卷，人民出版社2009年版，第298页。
[42]《马克思恩格斯文集》第9卷，人民出版社2009年版，第298页。
[43]《马克思恩格斯文集》第9卷，人民出版社2009年版，第299页。
[44]《马克思恩格斯文集》第9卷，人民出版社2009年版，第300页。
[45]《马克思恩格斯文集》第9卷，人民出版社2009年版，第300页。
[46]《马克思恩格斯文集》第9卷，人民出版社2009年版，第301页。
[47]《马克思恩格斯文集》第9卷，人民出版社2009年版，第302页。
[48]《马克思恩格斯文集》第9卷，人民出版社2009年版，第304页。
[49]《马克思恩格斯文集》第9卷，人民出版社2009年版，第302页。
[50]《马克思恩格斯文集》第9卷，人民出版社2009年版，第304页。
[51]《马克思恩格斯文集》第9卷，人民出版社2009年版，第304页。
[52]《马克思恩格斯文集》第9卷，人民出版社2009年版，第306页。
[53]《马克思恩格斯文集》第9卷，人民出版社2009年版，第306页。
[54]《马克思恩格斯文集》第9卷，人民出版社2009年版，第308页。
[55]《马克思恩格斯文集》第9卷，人民出版社2009年版，第309页。
[56]《马克思恩格斯文集》第9卷，人民出版社2009年版，第308页。
[57]《马克思恩格斯文集》第9卷，人民出版社2009年版，第309页。
[58]《马克思恩格斯文集》第9卷，人民出版社2009年版，第310页。
[59]《马克思恩格斯文集》第9卷，人民出版社2009年版，第310页。
[60]《马克思恩格斯文集》第9卷，人民出版社2009年版，第310页。
[61]《马克思恩格斯文集》第9卷，人民出版社2009年版，第311页。
[62]《马克思恩格斯文集》第9卷，人民出版社2009年版，第312页。
[63]《马克思恩格斯文集》第9卷，人民出版社2009年版，第313页。
[64]《马克思恩格斯文集》第9卷，人民出版社2009年版，第315页。

[65]《马克思恩格斯文集》第 9 卷，人民出版社 2009 年版，第 315 页。

[66]《马克思恩格斯文集》第 9 卷，人民出版社 2009 年版，第 316 页。

[67]《马克思恩格斯文集》第 9 卷，人民出版社 2009 年版，第 316 页。

[68]《马克思恩格斯文集》第 9 卷，人民出版社 2009 年版，第 318 页。

[69]《马克思恩格斯文集》第 9 卷，人民出版社 2009 年版，第 319 页。

[70]《马克思恩格斯文集》第 9 卷，人民出版社 2009 年版，第 321 页。

[71]《马克思恩格斯文集》第 9 卷，人民出版社 2009 年版，第 323 页。

[72]《马克思恩格斯文集》第 9 卷，人民出版社 2009 年版，第 324 页。

[73]《马克思恩格斯文集》第 9 卷，人民出版社 2009 年版，第 324 页。

[74]《马克思恩格斯文集》第 9 卷，人民出版社 2009 年版，第 326 页。

[75]《马克思恩格斯文集》第 9 卷，人民出版社 2009 年版，第 329 页。

[76]《马克思恩格斯文集》第 9 卷，人民出版社 2009 年版，第 329 页—第 330 页。

[77]《马克思恩格斯文集》第 9 卷，人民出版社 2009 年版，第 330 页。

[78]《马克思恩格斯文集》第 9 卷，人民出版社 2009 年版，第 331 页。

[79]《马克思恩格斯文集》第 9 卷，人民出版社 2009 年版，第 333 页。

[80]《马克思恩格斯文集》第 9 卷，人民出版社 2009 年版，第 333 页。

[81]《马克思恩格斯文集》第 9 卷，人民出版社 2009 年版，第 334 页。

[82]《马克思恩格斯文集》第 9 卷，人民出版社 2009 年版，第 334 页。

[83]《马克思恩格斯文集》第 9 卷，人民出版社 2009 年版，第 335 页。

[84]《马克思恩格斯文集》第 9 卷，人民出版社 2009 年版，第 335 页—第 336 页。

[85]《马克思恩格斯文集》第 9 卷，人民出版社 2009 年版，第 336 页。

[86]《马克思恩格斯文集》第 9 卷，人民出版社 2009 年版，第 338 页。

[87]《马克思恩格斯文集》第 9 卷，人民出版社 2009 年版，第 339 页。

[88]《马克思恩格斯文集》第 9 卷，人民出版社 2009 年版，第 339 页—第 340 页。

第六章 《反杜林论》的历史影响和现实意义

《马克思恩格斯文集》第 9 卷（目前国内《反杜林论》中文最新版，人民出版社 2009 年版）

马克思主义诞生以后，它的深刻思想迅速转化为工人阶级的普遍的科学认识。但在马克思、恩格斯生前，直接阐述其科学世界观变革的许多文献，如《1844 年经济学哲学手稿》和《德意志意识形态》等，大都未能及时、顺利发表。当时，为了学习、领会马克思主义，人们主要是借助《共产党宣言》、《政治经济学批判》等论战性或者运用新世界观探讨具体问题的文本。由于思想领域长期存在不同立场、流派的斗争，马克思主义的及时、顺利传播和普及工作，遇到很多限制、阻碍。杜林主义之所以风靡一时，与此有着很大关系。因此，《反杜林论》的发表，在马克思主义发展史和共产主义运动史上，都具有里程碑式的重要意义。《反杜林论》的问世，距今已近 140 年。在这期间，国际共产主义事业轰轰烈烈、可歌可泣，有辉煌和成功，有失利和失败，有经验和反思，有教训和代价。因此，深入思考《反杜林论》的历史影响和现实意义，对于我们科学地理解马克思主义的世界观和方法论，是十分必要的。

一 历史影响

《反杜林论》的历史影响，概括起来体现在四个方面：

第一，体现在它对马克思主义理论的丰富与发展。

一般地说，从19世纪40年代起，以《1844年经济学哲学手稿》为标志，马克思主义的创始人，开始探索和思考马克思主义的各个组成部分的具体内容。在马克思、恩格斯1848年合著的《共产党宣言》中，以纲领的形式向全世界的无产阶级宣告了马克思主义的基本学说。从这时起，马克思、恩格斯以他们发现和创造的科学思想为武器，批判了各种错误思潮，特别是形形色色的社会主义思潮对工人阶级运动的消极影响。19世纪60年代，马克思划时代的巨著《资本论》的出版和第一国际的成立，标志着马克思主义理论及其与国际工人运动的结合日趋完善和成熟。《反杜林论》作为19世纪70年代马克思主义的发展成果，以论战的形式总结了《哲学的贫困》和《共产党宣言》发表以来国际工人运动的历史经验，根据当时自然科学的最新成果以及马克思《资本论》的思想，全面地、系统地阐述了马克思主义整个思想体系，极大地加强了马克思主义理论体系的建设，深入推进了马克思主义的发展。

一方面，《反杜林论》直接孕育了《社会主义从空想到科学》。1880年恩格斯应拉法格的请求，将《反杜林论》中《引论》的第一章和第三编的第一章、第二章两章，改编成《社会主义从空想到科学的发展》，原标题为《空想社会主义和科学社会主义》。马克思在为该书法文版写的《前言》中指出，这本小册子是《反杜林论》一书的“理论部分中最重要的部分”，把它称作“科学社会主义的入门”[1]。这本小册子在国际工人运动中得到了广泛的传播。恩格斯在世时，就已翻译成欧洲的10种文字出版，培养了一大批马克思主义理论家和革命家。

另一方面，《反杜林论》中的许多思想，对恩格斯稍后进行的《自然辩证法》的研究，具有特别重要的意义。例如，在收进《自然辩证法》的《〈反杜林论〉旧序。论辩证法》中，恩格斯具体阐明了唯物辩证法区别于黑格尔辩证法的革命意义。同时，恩格斯在《自然辩证法》中，对19世纪三大科学发现所作的科学总结，对辩证唯物主义物质观、运动观、时空的科学揭示等思想，与《反杜林论》中关于自然科学的论述，异曲同工，相得益彰。

特别需要指出的是，作为马克思主义的新的发展阶段和特殊形态——列宁主义与《反杜林论》的思想是一脉相承的。列宁对马克思主义的理解，就是在恩格斯思想的直接指引和影响下开展的。列宁主义，正是通过解决俄国社会新问题而形成的马克思主义及其社会主义学说，是马克思主义在俄国的坚持、内化、发展和发扬。列宁主义的内涵十分丰富，但这里的一个根本之点，就是必须搞清楚列宁如何理解和继承马克思主义，即如何看待和阐发马克思主义的灵魂、精髓，如何把这种理解运用到社会主义实践并推进其积极变革，进而如何通过理论与实践的互动来发展、完善思想本身。

在列宁看来，尽管“恩格斯总是把自己放在马克思之后”，但两人的思想根本上是一致的，只是具体表现各有特色：“在马克思方面，是现代最伟大的政治经济学著作《资本论》，在恩格斯方面，是许多大大小小的作品。马克思致力于分析资本主义的复杂现象，恩格斯则在笔调明快、往往是在论战性的著作中，根据马克思唯物主义历史观和经济理论，阐明最一般的科学问题，以及过去和现在的各种现象。”[2] 他明确提出，“运用唯物辩证法从根本上来修改整个政治经济学，把唯物辩证法应用于历史、自然科学、哲学及工人阶级斗争的政治和策略——这就是马克思和恩格斯最为关心的事情，这就是他们作出最重要、最新的贡献的领域”[3]。正因为如此，列宁非常重视《反杜林论》这一马克思主义“宝库”。他以这部著作为武器，批判了第二国际的修正主义，撰写了《唯物主义和经验批判主义》；1913年，他吸收了这部著作的核心思想，撰写了《马克思主义的三个来源和三个组成部分》，从根本上确立了马克思主义的三个组成部分在科学社会主义学说中的核心地位。列宁在《马克思主义的三个来源和三个组成部分》一文中，全面而正式地概括了马克思主义学说的三个内容及其内在联系。列宁说："马克思主义同'宗派主义'毫无相似之处，它绝不是离开世界文明发展大道而产生的一种故步自封、僵化不变的学说。恰恰相反，马克思的全部天才正是在于他回答了人类先进思想已经提出的种种问题。他的学说的产生正是哲学、政治经济学和社会主义极伟大的代表人物的学说的直接继续。"[4]

第二，《反杜林论》的历史影响，具体体现在它对国际共产主义运动的深远影响。

由于恩格斯反对杜林主义取得了决定性胜利，极大地提高了德国社会民主党领导成员的思想觉悟和理论水平，使得党在工人群众中的威信有了很大提高，凝聚力和战斗力不断增强。仅就德国社会民主党拥有的报纸而言，就由 1876 年的 23 种猛增到 1877 年的 41 种。这些成就，令俾斯麦为首的帝国政府深感不安，1878 年反动势力借威廉一世的谋杀事件嫁祸于德国社会民主党，颁布了《反社会党人非常法》，查禁了党报和各种进步书刊 1300 多种。《反杜林论》更是处于查禁之列，被停止发行。但真理之光是无法被遮蔽的，后来《反杜林论》被译成多种文字在全世界流传。[5]

真理总是朴素的。历史是人民创造的。就其世界观的本性而言，马克思主义本就不该远离人民群众、无产阶级，而应是始终通过彻底、科学地说明社会历史发展来说服、征服人民群众的心灵和精神的。《反杜林论》大大推动了马克思主义的大众化传播，对于普及、提高工人阶级、无产阶级的阶级意识和理论修养功不可没。一方面，《反杜林论》运用朴实无华、生动准确的语言，立足世界观变革的高度，阐发马克思主义的基本精神、方法和观点。向人们说明了辩证的唯物主义世界观的革命性和正确性。另一方面，《反杜林论》以简洁严密的思路，论述了马克思主义的三个组成部分及其逻辑联系，向人们展示了马克思主义作为一门科学的独特理论品质和逻辑魅力。同时，《反杜林论》讲求实效，紧扣马克思主义发展的客观需要，紧扣其发展面临的现实课题，从有效解决现实问题出发阐述其理论精髓。

第三，正因为《反杜林论》具有如此良好的理论品质，《反杜林论》的历史影响，还体现在它对马克思主义传播史的广泛影响。

马克思主义在本质上源自于现实生活，它旨在告诉人们自己受剥削的真相，旨在说明商品货币关系、资本关系的秘密。马克思主义理论的这种革命本性，归根到底，并不是通俗化传播的障碍（尽管传播工作有其特殊运动规律），反而是某种与生俱来的优势。在这方面，《反杜林论》为马克思主义的广泛传播，树立了科学的典范。

随着苏联建立了人类历史上第一个社会主义国家，马克思主义成为了社会主义革命和建设的意识形态。在 20 世纪上半叶，苏联社会主义革命和建设事业取得了令世人瞩目的成就。在这样的背景下，如何进一步系统地用马克思主义教育广大干部和群众，成为一项迫在眉睫的重要政治任务。为此，斯大林开始主持编写《联共（布）党史简明教程》，其直接目的就是用通俗易懂的语言，全面、准确而系统地介绍马克思主义、共产主义的基本原理和方法。该书的发行量，曾创下马克思主义自形成以来的著作之最，其影响可谓广泛而深远。

在斯大林看来，辩证唯物主义和历史唯物主义就是马列主义的精确称谓。辩证唯物主义和历史唯物主义的提法，由此开始成为马克思主义的正统称谓。以《联共（布）党史简明教程》为代表的苏联教科书模式，虽然直接源于列宁主义的思想，尽管存在一些不足、纰漏，但它在世界观和方法论上，基本延续、继承了《反杜林论》对马克思主义的阐述，比如，物质的观点、矛盾的观点、生产的观点等等。马克思主义的体系性大大加强。客观上，这无疑有利于马克思主义的普及、传播和宣传。正如列宁所指出的，马克思主义的唯物主义立场本身就是一种方法和观点。“在恩格斯的著作《路德维希·费尔巴哈》和《反杜林论》里最明确最详尽地阐述了他们的观点。”[6] 如果能够用一个概念来准确概括这种世界观，那就是辩证法。“这些成果中主要的就是辩证法，即最完备最深刻最无片面性的关于发展的学说，这种学说认为反映永恒发展的物质的人类知识是相对的。”[7] 可以说，《反杜林论》中的所有重要思想都被以辩证唯物主义和历史唯物主义原理的方式，纳入了苏联教科书体系中，成为半个多世纪以来，人们接触、了解和认识马克思主义的经典模式。可以说，经由苏联教科书体系，恩格斯思想和其他经典作家思想一起，直接影响着马克思主义传播的广度、深度和成效。因此，苏联教科书模式的贡献是毋庸置疑的。它对马克思主义的介绍，采取了通俗易懂的语言，精简概要、实用经济，这十分有利于马克思主义的迅速、普遍推广和传播。由其建起的知识体系，讲究逻辑的层次性和过渡的规范性，有利于马克思主义理论建设工作的规范化和接续开展。

当然，教科书模式给出的马克思主义体系，既有历史价值，也有内在局限。如教科书体系偏重于强调辩证唯物主义和历史唯物主义在逻辑层次上的级别区分，而不是内在联系。其实，正如马克思的著作和恩格斯在《反杜林论》中所表述的，马克思主义考察现实世界，自然界和社会并无单纯的先后之别，而是一个统一的辩证过程。又如，该体系对辩证法非常重视，但具体的理解与《反杜林论》的阐发有所出入。比如，忽视事物的质变过程中也存在量变，重视矛盾的对立性而对同一性关注不够，未将否定之否定规律列入等。出现这样的问题原因在于，马克思主义的世界观原理，并不是离开其经济学批判和社会主义学说而孤立存在的。因此，如果对马克思主义的世界观原理作专门论述，必须以如实、准确和全面把握马克思主义的整体联系为基本出发点。这样就可以防止在对世界观原则进行抽象总结时的过度发挥和语境空白。如果认定历史唯物主义属于辩证唯物主义在社会历史领域的推广，那么这里就很可能强调哲学世界观的独立地位和抽象思辨性，将马克思主义的活的辩证思维，它在世界观和历史观的一贯运用，归结到成体系的公式、原理中去，进而赋予其普遍原理高度的绝对性和权威性，从而对马克思主义的科学发展造成不必要的伤害。

实际上，正如《反杜林论》所指出的，马克思主义旨在指引人们学会面对和分析具体问题，即把原理真正理解为方法本身。因此，恩格斯在《反杜林论》中对马克思主义组成部分的理解和把握，并不是以三个部分的孤立分割为预先假定，其中一以贯之的恰恰正是辩证唯物主义世界观。即如何以区别于其他理论的辩证唯物主义世界观作为看待现实世界的基本立场和方法，如何客观地揭示自然界和人类社会运动的辩证性质，这种立场和方法如何贯彻到经济学批判，并在这里如何发现价值和剩余价值的真相。以此为基础，科学社会主义如何能够确立，如何通过认识资本的本质来思考社会主义，等等。同样，列宁主义之所以是马克思主义的成功发展，根本上正是由于对这种活的精神实质的继承和推进。所以在列宁那里，哲学思考、政治经济学批判和社会主义运动，也是始终联系在一起的。因此，无论如何，坚持和强化对马克思主义的整体理解，都是不能忽视的。马克思主义的三个组成部分的辩证统一性及其与

《马克思恩格斯全集》第 20 卷（人民出版社 1971 年版）

科学社会主义的内在贯通性，作为马克思主义的革命的辩证法，始终是我们应予以关注的核心内容。今天，马克思主义三个组成部分的学科化建设，都取得了长足进步，但如果要保持良性势头及其积极影响，就必须注意，要从总体上“运用最彻底、最完整、最周密、内容最丰富的发展论去考察现代资本主义。自然，他也就要运用这个理论去考察资本主义的即将到来的崩溃和未来共产主义的未来的发展”[8]。

第四，《反杜林论》的历史影响，还体现在它作为理解马克思主义的试金石地位和作用。

由于马克思逝世后，共产主义革命运动的领导、组织工作，主要落在了恩格斯的肩上。他始终以崇高的、无私的奉献精神投入社会主义事业，毅然负起传播、发展马克思主义的重任，并为此做出了巨大贡献。因此，在一些学者看来，人们所理解的马克思的思想和马克思主义，是经由恩格斯诠释后的产物。这就引发了所谓“马克思与恩格斯对立论”（以下简称“对立论”）或“马克思主义的正统”的问题。历史上，最早在理论层面上挑起这些问题的，是西方马克思主义者。例如，被誉为西方马克思主义创始人的卢卡奇，就曾十分明确地批评，恩格斯的《反杜林论》中对辩证法的叙述遵循着黑格尔的错误先例，把辩证法扩展到既运用于自然，也运用于社会。尽管卢卡奇认为马克思、恩格斯在绝大多数方面是一致的，但因为他的这一个别论点，被后来的“对立论”持有者奉为“开山鼻祖”。20 世纪 60 年代，以利希特海姆的《马克思主义：历史和批判研究》为标志，“对立论”才开始在西方思想界真正大范围地流行起来。在“对立论”者看来，是恩格斯而非马克思的著作成为辩证唯物主义学说的来源，因为作为连贯体系的马克思主义诞生于自马克思逝世到恩格斯逝世的 12 年间（1883—1895 年）。[9] 实际上，这种“对立论”的绝大多数观点，既不符合历史事实，更不符合马克思主义的内在发展逻辑。这是因为，“对立论”中诸多观点要么自相矛盾，要么互相矛盾。正如持“对立论”的学者卡弗所分析的，“《反杜林论》在1877年至1878年间以连载的形式出版，而且《反杜林论》还以三本小册子和一部著作的形式出版过，马克思应该容易读到”。“如果马克思发现自己在《反杜林论》中最重要的内容与恩格斯存在着严重分歧，他为何不声明与《反杜林论》没有关系呢？”[10] 因此，“马克思与恩格斯一致论”的思想，重新成为当今西方马克思学的主要发展潮流。正如，这种“马克思与恩格斯一致论”的代表人物亨利所概括的，“马克思和恩格斯的合作极其广泛，这是任何不带偏见的研究者都无法忽略的。当然，这并不是说任何著作都可以看做他们两人的共同著作。……但可以肯定地说，马克思和恩格斯之间存在着密切的学术伙伴关系。马克思不是一个轻易容忍与自己观点稍有不同的人。对照反复发生的马克思与以前的朋友如鲍威尔、魏特林、维利希、普鲁东、卢格和巴枯宁等人从关系密切到最后决裂的例子，马克思与恩格斯保持如此长久的和谐关系本身就表明了他们在学术上是根本一致的。……‘对立论’者因为不喜欢苏联马克思主义，因为要与苏联马克思主义保持距离而不公平地对恩格斯进行指责。另一方面，之所以出现恩格斯经常被责难的情况，还与恩格斯的著述不像马克思的著述那样被学者们彻底研究有关。因此经常出现恩格斯的一些话被抓住而另一些话被学者们忽略的情况，也经常出现马克思的一些与恩格斯相一致的话被学者忽视的情况。马克思与恩格斯确实有时会有不一致，但没有一次是根本性的分歧。任何没有完全被意识形态所蒙蔽的人，面对以上所展示的证据都会承认马克思和恩格斯在根本上是一致的”[11]。

在这里，我们再次重温恩格斯在《反杜林论》的序言的表述，就会对问题的实质有更为清醒的认识。恩格斯明确指出：“本书所阐述的世界观，绝大部分是由马克思确立和阐发的，而只有极小的部分是属于我的，所以，我的这种阐述不可能在他不了解的情况下进行，这在我们相互之间是不言而喻的。在付印之前，我曾把全部原稿念给他听，而且经济学那一编的第十章（《〈批判史〉论述》）就是马克思写的，只是由于外部的原因，我才不得不很遗憾地把它稍加缩短。在各种专业上互相帮助，这早就成了我们的习惯。”[12] 因此，如何对待《反杜林论》的历史影响，完全可以作为是否真正理解马克思主义的“试金石”。

事实胜于雄辩。《反杜林论》在马克思主义思想史、国际共产主义运动史和马克思主义传播史上的地位和作用，是不容置疑的，它对无产阶级革命和社会主义运动的影响是巨大的。

二 现实意义

社会主义发展至今天，无论是曾经的失利，还是今天的胜利，其实都是对马克思主义准确性、科学性的证明，是对《反杜林论》这部著作的伟大理论和实践意义的证明。在当今世界，恐怕我们很难举出，还有哪一种思想或理论体系能够像马克思主义那样，实实在在而又深刻广泛地影响着亿万万世人，影响着他们的发展之路和日常生活，促进他们社会生活的巨大变革并持续发挥作用。马克思主义的伟大意义，并不是几种流行的批驳、否定抑或别有用心的歪曲就能击倒的。在这个意义上，《反杜林论》的深厚底蕴与价值，始终值得我们珍视和不断发掘。

（一）理论意义

《反杜林论》对马克思主义的阐释是整体的、全面的，这也是它始终贯彻的内在方法论原则。何为马克思主义的革命本性？何为马克思主义的实质、灵魂？如何实现理论与实践的紧密结合？这些问题一直是马克思主义头等重要的问题。这个问题搞不清楚，正如历史现实所证实的那样，发展马克思主义和建设社会主义，就是一句空话。尤其是对于马克思主义的大众化而言，这个问题必须始终直接面对。

正如列宁在《卡尔·马克思》一文中所指出的，“马克思的观点极其彻底而严整，这是马克思的对手也承认的，这些观点总起来就构成作为世界各文明国家工人运动的理论和纲领的现代唯物主义和现代科学社会主义”[13]。恩格斯的《反杜林论》，则是“完全以马克思的这个唯物主义哲学为依据”[14]，表明了马克思主义哲学代表全新的世界观、方法论，政治经济学以如实考察、分析现实世界为立场，科学社会主义则是其价值目标和逻辑的必然指向，是总的思想结论。

在恩格斯看来，马克思主义的哲学唯物主义，就是要客观地、科学地对待外部世界。客观事实是什么样，就要怎样对其解释说明，就要怎样分析论证。这里，主观臆造根本不能解决问题，人道式的激进批判也不能从根本上解决问题。社会主义不是子虚乌有，而是来自现代社会，是资本主义生产方式的产物。一句话，我们只能也必须从这里考察和分析社会主义，探讨如何建设社会主义。而马克思主义的经济学，不只是其中的一个组成部分，实际上是体现其科学性的重点内容和领域。批判地揭示现代社会的经济性质，揭示资本主义生产方式的本质、规律，既是唯物主义的内在要求，又是社会主义走向科学化的前提、基础。相对而言，经济学恰恰是马克思主义世界观与其逻辑结论（科学社会主义）内在联系的中介，提供着严密、完整和实实在在的论证、证明任务。可以说，“资本主义社会必然要转变为社会主义社会这个结论，马克思完全是从现代社会的经济的运动规律得出的”[15]。列宁所作的这一概括，正是对恩格斯工作意义的准确理解。同时，从哪里理解社会主义的问题，直接关乎马克思主义的方法论实质。恩格斯根据唯物史观和剩余价值理论，合乎逻辑地指出，科学的社会主义从来不是空穴来风、凭空想象，而是历史发展的产物。社会主义的形成，不可能没有其物质基础和社会条件。资本主义固然推动了现代文明，创造了发达的社会生产力。但资本主义生产方式无法克服自身的矛盾性质，生产的社会化趋势和私人占有制日渐对立，生产力的发展空间也变得愈来愈小。随着贫富分化的日益加深，不平等现象逐渐扩展，资本主义社会无法摆脱社会的两极分化。作为资本主义的掘墓人，无产阶级对资产阶级的斗争，尽管形式不断变化，但不会停息。资本主义注定成为历史，必然扬弃自身而为共产主义社会取代。这是逻辑的必然。

《反杜林论》深刻地表明，马克思主义和其他社会主义理论的不同之处，就在于“它出色地把以下两方面结合起来：既以完全科学的冷静态度去分析客观形势和演进的客观进程，又非常坚决地承认群众（当然，还有善于摸索到并建立起同某些阶级的联系的个人、团体、组织、政党）的革命毅力、革命创造性、革命首创精神的意义”[16]。因此，把马克思主义看做是不可分割的有机整体，要始终从其三个组成部分的内在联系出发把握其理论实质，把握其活的辩证法，始终从唯物辩证法的革命精神出发看待社会主义发展，应当是我们始终坚持不渝的基本理论原则。无论是轻视哲学还是轻视经济学，都是片面的、错误的。

马克思主义诞生以后，总要与形形色色的思想潮流进行斗争，在这种斗争中展现自己的独特理论品质。在历史的传播、宣传过程中，曾经出现了把马克思主义教条化、公式化的不良倾向。一个极端表现，就是经济决定论。这种观念至今仍有其影响。对于如何认识社会历史，《反杜林论》阐述得非常明白，马克思主义主张把问题归结到物质生活，归结到生产方式，归结到生产力。这给人一种印象，似乎历史的发展就是单线的，由生产力和生产方式单方面决定的，其他方面诸如政治的、文化的、精神的东西，则是派生的、次要的。只要找到了经济根源，什么问题都可以彻底解决了。这样的理解不仅不属于马克思主义，而且是对其普遍原理的歪曲。西方马克思主义质疑马克思主义的正统立场，甚至对列宁主义提出批判，认为其落入了旧唯物主义式的机械反映论立场，一个很大原因就是对经济决定论的不满。比如，德国学者哈贝马斯就批评马克思主义："马克思对相互作用和劳动的联系并没有作出真正的说明，而是在社会实践的一般标题下把相互作用归之劳动，即把交往活动归之为工具活动。"[17]"一切都溶化在生产的自我活动中。"[18]言下之意，马克思主义只看到人与自然的关系，只知道用生产劳动（即处理人与自然关系的活动）归结历史发展，根本没有注意到人与人之间的互动。实际上，承认经济的决定作用，不等于就是经济决定论。正如《反杜林论》所阐明的那样，马克思主义的生产观点与实践观点是一脉相承的，是对实践观点的坚持和具体化。生产观点就是从社会的物质生产与其社会形式的矛盾关系出发说明历史。

直到目前为止，在人类形形色色的实践活动中，物质资料的生产（这种实践活动）始终具有第一位的意义和作用。它是人类生存之本、发展之根。不持续地乃至于更好地解决吃、穿、住、行、用等基本生存问题，人类社会是无以为继的，历史也是无法延续的。正是在特定的物质资料生产及其发展的基础上，人类社会的、政治的、文化的及精神的等等现象才得以产生和发展。对这个物质事实，唯心主义者一般都不屑一顾。但如果否定这一事实，人类历史还将剩下什么？只能是些空洞抽象的概念、精神、观念，或者意志、情感之类的东西。马克思主义超越经济决定论的根本之处就在于，从社会生产出发批判地揭示其社会形式尤其是分配形式的必然性、局限性，揭示特定生产方式的产生、发展和灭亡的必然性，从而为人类的彻底解放指明了方向和道路。

西方马克思主义的思维模式的另一个极端，就是普遍地重视哲学而轻视经济学。例如，卢卡奇对于西欧革命失利的根源作了新的解释。他认为，由于生产劳动对工人控制、压抑的加剧，工人阶级开始丧失其阶级意识。“随着劳动过程越来越合理化和机械化，工人的活动越来越多地失去自己的主动性，变成一种直观的态度，从而越来越失去意志。”[19]“这种自我客体化，即人的功能变为商品这一事实，最确切地揭示了商品关系已经非人化和正在非人化的性质。”[20]“世界的这种表面上的彻底的合理化，渗进了人的肉体和心灵的最深处，在它自己的合理性具有形式特性时达到了自己的极限。”[21]西方马克思主义的另一个代表人物马尔库塞，也有着类似判断。“政治意图已经渗透进处于不断进步中的技术，技术的逻各斯被转变成依然存在的奴役状态的逻各斯。技术的解放力量——使事物工具化——转而成为解放的桎梏，即使人也工具化。”[22]如果按照卢卡奇、马尔库塞等西方马克思主义者的思路，欧洲革命的出路根本上只有一条，即拯救阶级意识，唤醒异化的精神。这无非是说，文化精神、文化领域的变革应该具有优先性乃至于根本性。但按照马克思、恩格斯的思想，只是就文化论文化，就精神谈精神，作为一种革命策略，强调文化精神的变革肯定是可以的。但作为解释西欧社会发展的哲学，这种观点显然流于偏激、片面，实际是把问题简单化了。如果只是坚守抽象的人道标准，抽象地对现实社会批判一通，认为不仅生产关系在操纵工人，连生产力本身也成了操纵的傀儡，这就过于激进了。任其发展，就会由唯物主义滑到唯心主义去。这样一来，就不是发展而是伤害了马克思主义。而马克思主义之所以能够称得上是一门科学，就在于它不是空洞、抽象的思辨，而是如实地研究物质生产及其主要社会形式即交换、分配，揭示其矛盾结构和运动规律，进而通过这些规律性认识，批判资本主义生产方式而证明社会主义的可能性、必然性，进而使社会主义走向科学。

因此，若是真正坚持马克思主义，就必然从社会经济状况把握阶级状况，从阶级状况把握无产阶级的斗争策略，从科学的认识、判断出发制定合乎客观实际的任务。

（二）实践意义

马克思主义是源于实践、立足于实践、服务于实践的科学。《反杜林论》的理论意义，归根到底也是与其实践意义高度统一在一起的，是通过社会主义实践具体体现出来的。

首先，坚持和发展马克思主义，就是把马克思主义与社会主义革命和建设的实践紧密结合起来。

列宁曾十分明确地指出："马克思和恩格斯的学说不是我们死记硬背的教条。应当把它当作行动的指南。我们一直这样说，而且我认为，我们的行动是适当的，我们从来没有陷入机会主义，而只是改变策略。这决不是背弃学说，决不能叫做机会主义。我以前说过，现在还要再三地说，这个学说不是教条，而是行动的指南。"[23]马克思主义的这种灵魂，正如《反杜林论》所极力阐述的，正是它的唯物主义辩证法本身。而"忽视那一方面，就会把马克思主义变成一种片面的、畸形的、僵死的东西，就会抽掉马克思主义的活的灵魂，就会破坏它的根本的理论基础——辩证法即关于包罗万象和充满矛盾的历史发展的学说，就会破坏马克思主义同时代的一定实际任务，即可能随着每一次新的历史转变而改变的一定实际任务之间的联系"[24]。从逻辑上来看，随着社会经济形势的变化，"马克思主义这一活的学说的各个不同方面也就不能不分别提到首要地位"[25]。正因为"马克思主义不是死的教条，不是什么一成不变的学说，而是活的行动指南，所以它就不能不反映社会生活条件的异常剧烈的变化"[26]。毛泽东指出，"辩证法的规律，是客观所固有的，是客观运动的规律，这种客观运动的规律，反映在人们的头脑中，就成为主观辩证法。这个客观辩证法和主观辩证法是同一的。这是恩格斯多次阐明的论点”[27]。如何把握？靠实践。“要认识事物发展的客观规律，必须进行实践，在实践中必须采取马克思主义的态度来进行研究，而且必须经过胜利和失败的比较。”[28]还要如实面对历史现实。“规律自身不能说明自身。规律存在于历史发展的过程中。应当从历史发展过程的分析中来发现和证明规律。不从历史发展过程的分析下手，规律是说不清楚的。”[29]因此，在国际共产主义运动史上，无论是苏联社会主义革命的胜利还是列宁从战时共产主义政策到新经济政策的转变，无论是毛泽东通过“农村包围城市”领导中国革命的胜利还是指导中国现代化进程的中国特色社会主义，都集中体现了这一点。正如列宁主义是俄国化的马克思主义一样，毛泽东思想、邓小平理论、“三个代表”重要思想和科学发展观，正是中国化的马克思主义。

其次，坚持和发展马克思主义，就是要坚持“实事求是，与时俱进”的原则。

正如我们多次提到，《反杜林论》的核心思路就是完完整整地展现马克思主义的求真务实、辩证发展的本性。实事求是，第一要明确的，就是由恩格斯《反杜林论》中所澄清的马克思主义的唯物主义立场，即坚持和发展了物质观点，物质不是什么超然于世界之外的实体，而是指自然界和历史的客观本性。与时俱进，正是唯物辩证法思想的具体体现。恩格斯指出，“辩证法不过是关于自然界、人类社会和思维的运动和发展的普遍规律的科学”[30]。它不是依靠抽象概念编造体系，而是通过发现、总结客观世界的辩证本性确立起来的科学的思维方式方法。恩格斯特别强调，唯物辩证法也不是要构建万能的真理体系，这只是旧哲学、杜林主义的幻想。因为“一方面，要毫无遗漏地从所有的联系中去认识世界体系；另一方面，无论是从人们的本性或世界体系的本性来说，这个任务是永远不能完全解决的。但是，这个矛盾不仅存在于世界和人这两个因素的本性中，而且还是所有智力进步的主要杠杆，它在人类的无限的前进发展中一天天不断得到解决”[31]。

如今，中国式的现代化建设就是我们最大的实践，这是一切思想、精神由以存在、发展的客观现实基础，是其直接的思维指向和关注对象。因此，在新时期，坚持实事求是与坚持与时俱进是紧密联系在一起的，这具体表现在：

坚持实事求是就是要坚持一切从实际出发。从实际出发就是从外部现实出发，从自然界和社会出发。尊重实际也就是尊重客观，尊重实践。不明白这个道理，就会把马克思主义引到片面就观念论观念、就思想谈思想的老路上去。

坚持实事求是就是要坚持生产力标准。社会主义只有发展更高、更强的现代生产力，只有充分、合理和逐步地解决人与自然的关系、人与人的关系，才能为人民群众的共同富裕提供坚实的物质基础及其社会条件。与资本主义不同，社会主义制度不构成生产力发展的障碍，反而是其彻底和全面发展的条件和动力。因此，如何搞活经济，如何发现、借鉴和创造合乎现阶段发展的公有制实现形式，如何在保证效率的同时充分实现社会公平，是迫切需要解决的重要课题。生产力标准，为这些问题的解决提供着根本性的理论支撑点。要打破教条和僵化，充分解放思想，坚持生产力标准是第一要求。

坚持实事求是就是要坚持改革开放立场。世界始终在其矛盾运动中变化，永恒不变的东西是没有的。事物的矛盾一旦发生变化，理论就必须通过应对这些变化来发展自身。在这个意义上，改革其实是事物自我发展、超越的基本方式和内在要求。对内改革，就是积极开拓公有制的实现形式，创造日益充满活力的社会经济体制，合理、充分利用和发展市场经济。对外开放，就是掌握与资本打交道的本领，充分利用资本所能提供的先进文明来发展自身，同时抵住来自于方方面面的侵蚀、攻击。

坚持实事求是就是要坚持实干精神。先进的思想、观念能否取得实效，并不在于理论的自说自话、循环解释，而是取决于能否彻底落实。把实事求是落实到建设主体的实践活动，就是一种承载和践行理论勇气的实干精神。诚如邓小平同志所说，“改革开放胆子要大一些，敢于试验，不能像小脚女人一样。看准了的，就大胆地试，大胆地闯”[32]。这并不是简单地劝慰或告诫，而是对实事求是精神的准确理解。只讲改革而不谈实干，不能叫实事求是，而是空谈。讲实际，讲求实，讲改革，就必须也必然讲实干。实干提倡抓落实来实现，抓落实就是把精力、注意力全部放在事物的具体运行、运动和进展之上，放在如何实际变革建设工作的体制机制和有效提高其执行能力之上。只有将实干精神提到这样的高度，对实事求是的坚持才不至于落空、变形。当下的现代化建设，最需要实干精神。

马克思主义的实干，还讲究试验和探索的统一。实干不是蛮干，不是搞一锤子买卖。对于理论认识上不十分明了的方面，往往可以通过部分或环节试验来观察和判断。这就是积极地进行实践与理论的互动。试验就是积极地探索，探索就是打破既定的思路和模式，尝试运用新方法解决问题。

最后，坚持和发展马克思主义，就是要坚持科学发展的原则。

如果把马克思主义的世界观视为放之四海而皆准的公式、教条，那么这在逻辑上等于彻底取消马克思主义本身。现代社会主义是客观的历史运动，是处于人类观念、精神之外的物质现实。它具有什么样的矛盾结构，遇到什么样的发展课题，可能采取什么样的途径实现等等，都不能主观地运用抽象原理预先制定，而只能从对不同民族、国家、地区的特殊状况的科学研究中概括出来。通过研究西欧资本主义发展，研究其社会经济状况和阶级状况，马克思、恩格斯一方面对社会主义的逻辑必然性和当下可行性进行深入的分析判断，另一方面始终紧紧跟随社会现实的变化而调整自己的理论概括。

马克思主义的这种精神，正是辩证唯物主义世界观及其方法论的内在要求和彻底贯彻，正是体现了科学发展的原则。

坚持科学发展的原则，首先在于坚持马克思主义的科学性。在这方面，恩格斯的《反杜林论》树立了许多典范。比如，他身体力行，对当时最新自然科学成就进行探索与总结，这种精神需要今天的马克思主义者认真学习和借鉴。再比如，恩格斯在全面、准确地概括了资本主义社会的根本矛盾及其主要表现，说明了资本主义必然灭亡的历史趋势的基础上，准确地概括了未来社会主义制度的基本社会经济特征。这并不是对社会主义制度制定什么一劳永逸的定义，而是主要针对西欧资本主义国家的社会经济状况进行分析后得出的正确逻辑结论。马克思主义始终从变化了的事实出发说明问题。恩格斯全面地说明了社会主义对待国家的立场和态度，充分展现了马克思主义辩证的唯物主义世界观的科学性和理论威力。

坚持科学发展的原则，就是要不断发展马克思主义的历史唯物主义。而要做到这一点，就要正视和直面当前的经济社会全球化潮流。经济社会的全球化，归根结底，直接是由资本的力量推动的。资本的生命力就在于发财增殖，为此它必须到处奔走，开拓市场。这就把全球各个地方联系在一起，拉入由其主导建立起来的市场体系及其政治经济秩序。这个过程始终充满双面性。为了达到赚钱的目的，资本主义总是力图把世界编入其利益结构，并经常以武力和意识形态为辅助手段。资本既能够为其他民族国家带来现代文明，同时又对其政权和文化造成挑战、威胁。针对这种趋势和局面，合理的态度和对策，只能是既融入又斗争。市场经济的全球拓展，代表着一种发展机遇。对于资本的控制、宰制，则需要进行清醒、持续和有效的斗争。对于社会主义的时代发展而言，必须学会全面、深入地批判和认识资本，必须学会利用资本而消灭资本的艺术。

坚持科学发展的原则，就是要以社会经济建设为中心，坚持和发展社会主义。社会主义市场经济，是中国式现代化的伟大创举。曾几何时，人们将计划与市场、资本与公有制想当然地视为对立物，社会主义建设事业只能对其进行二选一，除此之外的道路是不存在的。其实，只要能够促进生产力的全面发展，经济形式是完全可以进行多种选择和尝试的。纯而又纯的公有制，或者纯而又纯的私有制，只存在于书本之中。在现实生活中，二者总是以这样或那样的方式同时存在，在它之外往往存在着大量的“中间地带”，即其他形式的社会经济成分。从实际出发，关键在于在合理把握事情的度，将坚持和发展公有制与成功利用市场经济统一起来。发展社会主义市场经济，必须学会和善于处理现代性与民族性的关系。市场经济，往往意味着一种同化力量。不管各个民族、地方的文化如何特殊，只要实现商品经济，就必须承认商品、货币的力量。但商品、货币，本质上正是一种抽象、抽空了具体内容的符号。它在繁荣经济的同时，往往膨胀物欲，刺激拜物教。它不管文化的民族性如何，总要在所到之地推行单纯的市场交易。社会主义的稳步发展，在利用市场经济的同时，必须提升驾驭市场的本领，努力使其成为激活、拉动民族文化发展的机制，而不是盲目冲击、排挤民族文化的工具。改革开放不是没有底线和不讲原则。无可置疑，其目的就在于发展社会主义公有制，发展、壮大社会主义本身。“在改革中，我们始终坚持两条根本原则，一是以社会主义公有制经济为主体，一是共同富裕。”[33] 至于前苏联的演变，则可以说是借改革之名而实行无原则退让的必然结果。在戈尔巴乔夫时代，前苏联的马克思主义，就其精神实质而言，已开始日益为抽象人道主义所替代。这是理论的严重退化。前苏联随后的改革，也逐步开始放弃意识形态的底线，最终导致失败。前苏联的演变和解体是社会主义事业的巨大损失。但这里的道理并不复杂，真正失败的，恰恰不是马克思主义、社会主义本身，而是前苏联的片面理解的马克思主义，精神发生变形乃至于变质的马克思主义。1989 年，邓小平会见戈尔巴乔夫时，就明确指出，“列宁之所以是一个真正的伟大的马克思主义者，就在于他不是从书本里，而是从实际、逻辑、哲学思想、共产主义理想上找到革命道路”。[34]

坚持科学发展的原则，就是要以马克思主义的革命辩证法为指导，推进各项事业发展。马克思主义“内化”为中国的民族精神，是一项前无古人的伟大事业。这项事业崇高而艰巨。由于我们的现代化建设尚处于社会主义的初级阶段，必须以经济发展为中心。经济的发展，并没有制度本身的限制或者阻碍，而主要来自体制机制的相对落后。体制机制改革，因而成为当前的头等课题和大事。体制机制改革，应是全面的和彻底的，应是稳步推进的。经济体制改革，直接属于经济发展的内容和条件。政治体制改革，则又属于经济体制改革的前提。政治体制直接运筹和管理人事资源，而社会资源的配置、协调则是由人来执行和完成的。政治体制改革是社会主义制度的自我完善，决不能以取消意识形态底线为代价。前苏联模式的失败，就充分说明了这一点。前苏联的后期改革，总体上既未抓住、抓好经济建设这个重心，更没有适机地、稳妥地抓好政治体制改革，而是颠倒主次，放松了经济发展而片面搞政治开放，进而让无度的政治让步反过来冲击经济发展，造成恶性循环，最终断送社会主义事业。这里的代价可谓沉痛，教训可谓深刻，令人为之扼腕。

我们的社会主义事业，之所以乘风破浪而砥柱中流，就在于对马克思主义的准确和全面理解，就在于对经济发展和体制改革的合理把握。这个成功的经验必将传承和发扬下去。推进体制改革，还必须以马列主义为指导，完善社会管理。社会主义是人民当家作主，人民当家作主就要进行社会的自我管理。由于生产力和社会文化发展的制约，社会管理必须逐步地发展，逐步建立符合国情、地情的方法模式。总的来看，这是推进社会主义民主的必然趋势。我们还要学会利用市场机制推进社会主义文化发展，使文化事业融入市场，促进体制革新，赋予文化发展以内在活力。适当以市场模式推动文化进步，巩固其主流地位和社会影响。

毛泽东在谈到“什么是中国革命和建设成功的法宝”时明确指出：“社会科学，马克思列宁主义，斯大林讲得对的那些方面，我们一定要继续努力学习。我们要学的是属于普遍原理的东西，并且学习一定要与中国实际相结合。如果每句话，包括马克思的话，都要照搬，那就不得了。我们的理论，是马克思列宁主义的普遍真理同中国革命的具体实践相结合。”[35]“马克思主义的普遍真理一定要同中国革命的具体实践相结合，如果不结合，那就不行。这就是说，理论与实践要统一。理论与实践的统一，是马克思主义的一个最基本的原则。按照辩证唯物论，思想必须反映客观实际，并且在客观实践中得到检验，证明是真理，这才算是真理，不然就不算。”[36]邓小平指出：“马克思列宁主义的普遍真理与本国的具体实际相结合，这句话本身就是普遍真理。它包含两个方面，一方面叫普遍真理，另一方面叫结合本国实际。”[37]结合本身就是真理，结合不是外部对接，即到处跟着经验走，结论成堆、不见原则；也不是循环解释，利用定义自我解释一通，不面对实际问题，空洞无物。结合就是把普遍真理，把唯物主义世界观、方法论贯彻、运用到具体现实，揭示其特殊本质和规律，然后转化为人们的物质力量和实践活动。马克思主义的威力、实效，全在“结合”中展现出来。学会“结合”，就是把马克思主义当做活的立场、方法来把握，当做思想的指南来运用，在运用中发展认识和实践。贯彻、运用马克思主义，决不能空谈，而必须进入实践。邓小平提出的“我们搞的现代化，是中国式的现代化。我们建设的社会主义，是有中国特色的社会主义。我们主要根据自己的实际情况和自己的条件，以自力更生为主”[38]。

“我们搞四个现代化，不开动脑筋，不解放思想不行。什么叫解放思想？我们讲解放思想，是指在马克思主义指导下打破习惯势力和主观偏见的束缚，研究新情况，解决新问题。”[39] 这就是在贯彻中揭示规律，发现真理。这才是科学的唯物主义思维。

总之，马克思主义的体系是科学的体系，开放的体系，与时俱进的体系。对于今天中国的社会主义现代化事业而言，要始终以马列主义，以中国特色社会主义理论体系为指导。中国特色社会主义理论体系，就是包括邓小平理论、“三个代表”重要思想以及科学发展观等重大战略思想在内的科学理论体系。“这个理论体系，坚持和发展了马克思列宁主义、毛泽东思想，凝结了几代中国共产党人带领人民不懈探索实践的智慧和心血，是马克思主义中国化的最新成果，是党最可宝贵的政治和精神财富，是全国各族人民团结奋斗的共同思想基础。”[40] 科学发展观，“是对党的三代中央领导集体关于发展的重要思想的继承和发展，是马克思主义关于发展的世界观和方法论的集中体现，是同马克思列宁主义、毛泽东思想、邓小平理论和‘三个代表’重要思想既一脉相承又与时俱进的科学理论，是我国经济社会发展的重要指导方针，是发展中国特色社会主义必须坚持和贯彻的重大战略思想”[41]。“科学发展观，第一要义是发展，核心是以人为本，基本要求是全面协调可持续，根本方法是统筹兼顾。”[42] 科学发展观是对马克思主义的时代发展。

《反杜林论》阐明、昭示的真理，作为普遍原则和方法，内化于中国化的马克思主义之中，进而对当下的社会主义实践产生作用。在这个意义上，《反杜林论》与我们始终同行。

【本章注释】

[1]《马克思恩格斯选集》第 3 卷，人民出版社 1995 年版，第 689 页。

[2]《列宁全集》第 2 卷，第 10 页。转引自黄楠森等主编:《马克思主

义哲学史》第 3 卷，北京出版社 1991 年版，第 403 页。

[3]《列宁全集》第 24 卷，第 276 页。转引自黄楠森等主编:《马克思主义哲学史》第 3 卷，北京出版社 1991 年版，第 384 页。

[4]《列宁论马克思主义》，人民出版社 2003 年版，第 66 页。

[5] 中国人民大学马列主义发展史研究所编著:《马克思恩格斯思想史》，上海人民出版社 1982 年版，第 486 页。

[6]《列宁论马克思主义》，人民出版社 2003 年版，第 67 页。

[7]《列宁论马克思主义》，人民出版社 2003 年版，第 67 页。

[8] 韦建桦主编:《列宁专题文集 · 论马克思主义》，人民出版社 2009 年版，第 255 页。

[9] 鲁克俭:《国外马克思学研究的热点问题》，中央编译出版社 2006 年版，第 46 页—第 47 页。

[10] [美] 特雷尔: 卡弗:《马克思与恩格斯: 学术思想关系》，姜海波、王贵贤等译，中国人民大学出版社 2008 年版，第 119 页。

[11] 鲁克俭:《国外马克思学研究的热点问题》，中央编译出版社 2006 年版，第 62 页。

[12] 韦建桦主编:《列宁专题文集 · 论马克思主义》，人民出版社 2009 年版，第 11 页。

[13] 韦建桦主编:《列宁专题文集 · 论马克思主义》，人民出版社 2009 年版，第 7 页。

[14] 韦建桦主编:《列宁专题文集 · 论马克思主义》，人民出版社 2009 年版，第 8 页。

[15] 韦建桦主编:《列宁专题文集 · 论马克思主义》，人民出版社 2009 年版，第 29 页。

[16] 韦建桦主编:《列宁专题文集 · 论马克思主义》，人民出版社 2009 年版，第 140 页。

[17] [德] 哈贝马斯:《作为"意识形态"的技术与科学》，李黎、郭官义译，学林出版社 1999 年版，第 33 页。

[18] [德] 哈贝马斯:《作为"意识形态"的技术与科学》，李黎、郭官义译，学林出版社 1999 年版，第 33 页。

[19] [匈] 卢卡奇:《历史与阶级意识》，杜章智、任立、燕宏远译，商务印书馆 1999 年版，第 154 页。

[20] [匈] 卢卡奇:《历史与阶级意识》，杜章智、任立、燕宏远译，商务印书馆 1999 年版，第 157 页。

[21] [匈] 卢卡奇:《历史与阶级意识》，杜章智、任立、燕宏远译，商务印书馆 1999 年版，第 168 页。

[22] [美] 赫伯特·马尔库塞:《单向度的人——发达工业社会意识形态研究》，刘继译，上海译文出版社 2006 年版，第 145 页。

[23] 韦建桦主编:《列宁专题文集·论马克思主义》，人民出版社 2009 年版，第 300 页。

[24] 韦建桦主编:《列宁专题文集·论马克思主义》，人民出版社 2009 年版，第 157 页。

[25] 韦建桦主编:《列宁专题文集·论马克思主义》，人民出版社 2009 年版，第 158 页。

[26] 韦建桦主编:《列宁专题文集·论马克思主义》，人民出版社 2009 年版，第 160 页—第 161 页。

[27]《毛泽东文集》第 8 卷，人民出版社 1999 年版，第 103 页。

[28]《毛泽东文集》第 8 卷，人民出版社 1999 年版，第 104 页。

[29]《毛泽东文集》第 8 卷，人民出版社 1999 年版，第 106 页。

[30]《马克思恩格斯文集》第 9 卷，人民出版社 2009 年版，第 149 页。

[31]《马克思恩格斯文集》第 9 卷，人民出版社 2009 年版，第 40 页。

[32]《邓小平文选》第 3 卷，人民出版社 1993 年版，第 372 页。

[33]《邓小平文选》第 3 卷，人民出版社 1993 年版，第 142 页。

[34]《邓小平文选》第 3 卷，人民出版社 1993 年版，第 292 页。

[35]《毛泽东文集》第 7 卷，人民出版社 1999 年版，第 42 页。

[36]《毛泽东文集》第 7 卷，人民出版社 1999 年版，第 90 页。

[37]《邓小平文选》第 1 卷，人民出版社 1994 年第 2 版，第 258 页—第 259 页。

[38]《邓小平文选》第 3 卷，人民出版社 1993 年版，第 29 页。

[39]《邓小平文选》第 2 卷，人民出版社 1994 年第 2 版，第 279 页。

[40]《科学发展观重要论述摘编》，中央文献出版社、党建读物出版社2009年第2版，第5页。

[41]《科学发展观重要论述摘编》，中央文献出版社、党建读物出版社2009年第2版，第6页。

[42]《科学发展观重要论述摘编》，中央文献出版社、党建读物出版社2009年第2版，第6页。

参考文献

[1]《马克思恩格斯文集》第 9 卷，人民出版社 2009 年版。

[2] 恩格斯：《反杜林论》（单行本），人民出版社 1999 年第 3 版。

[3]《列宁专题文集》全 5 卷，人民出版社 2009 年版。

[4]《马克思恩格斯文集》第 1、2、3、4、5、6、7、8、10 卷，人民出版社 2009 年版。

[5] 恩格斯：《路德维希·费尔巴哈和德国古典哲学的终结》，人民出版社 1997 年第 3 版。

[6]《马克思恩格斯选集》第 1—4 卷，人民出版社 1995 年第 2 版。

[7] 马克思：《资本论》第 1 卷，人民出版社 2004 年第 2 版。

[8] 黄楠森、庄福龄、林利主编：《马克思主义哲学史》第 1—7 卷，北京出版社 1996 年版。

[9] 中国人民大学马列主义发展史研究所编：《马克思主义史》第 1—4 卷，人民出版社 1996 年版。

[10] 中国人民大学马列主义发展史研究所编著：《马克思恩格斯思想史》，上海人民出版社 1982 年版。

[11]［德］E. 杜林：《哲学教程——严密科学的世界观和人生观》，郭官义、李黎译，商务印书馆 1991 年版。

[12]［美］特雷尔·卡弗：《马克思与恩格斯：学术思想关系》，姜海波、王贵贤等译，中国人民大学出版社 2008 年版。

[13] 鲁克俭：《国外马克思学研究的热点问题》，中央编译出版社 2006 年版。